知人善"任"

4K任职资格管理与应用

ZHIREN SHANREN
4K RENZHI ZIGE
GUANLI YU YINGYONG

吴 忧 睿正人才管理研究院 ◎ 著

企业管理出版社
ENTERPRISE MANAGEMENT PUBLISHING HOUSE

图书在版编目（CIP）数据

知人善"任"：4K 任职资格管理与应用 / 吴忧，睿正人才管理研究院著. —北京：企业管理出版社，2024.1

ISBN 978-7-5164-2915-0

Ⅰ. ①知… Ⅱ. ①吴… ②睿… Ⅲ. ①企业管理—人力资源管理—研究 Ⅳ. ① F272.92

中国国家版本馆 CIP 数据核字（2023）第 179711 号

书　　名：	知人善"任"——4K 任职资格管理与应用
书　　号：	ISBN 978-7-5164-2915-0
作　　者：	吴　忧　睿正人才管理研究院
责任编辑：	徐金凤　张艾佳
出版发行：	企业管理出版社
经　　销：	新华书店
地　　址：	北京市海淀区紫竹院南路 17 号　　邮　编：100048
网　　址：	http://www.emph.cn　　电子信箱：emph001@163.com
电　　话：	编辑部（010）68701638　　发行部（010）68701816
印　　刷：	北京联兴盛业印刷股份有限公司
版　　次：	2024 年 1 月第 1 版
印　　次：	2024 年 1 月第 1 次印刷
开　　本：	787mm×1092mm　1/16
印　　张：	16
字　　数：	190 千字
定　　价：	68.00 元

版权所有　翻印必究　·　印装有误　负责调换

序言

任职资格体系的理念、思想和方法最早源自英国国家职业资格NVQ（National Vocational Qualification）标准体系和考评技术。NVQ是以国家职业标准为导向，以实际工作表现为考评依据的一种新型的职业资格证书制度。英国整个NVQ体系共涵盖了11个职业领域，大约1000个职业。NVQ体系主要包括国家职业资格标准体系、职业资格考评体系、证书发放管理，以及专业人员、机构的质量监督管理体系。

华为于1998年正式引进NVQ，并在部分职类上试行。2001年开始，华为将认证结果与人力资源其他模块组合，成功地将英国的国家职业资格体系改造成华为的任职资格体系。由此，任职资格理论体系正式进入中国。

我一直秉承一个态度，即管理理论、管理技术、管理实践这三层之间的融会贯通。管理理论是教授或大师的思想精华，管理实践是各行各业脚踏实地的工作方法，咨询公司作为中间的层面，负责把大师的理论转化为具有实操价值的工具方法，然后帮助企业进行落地实施，最终推动和促进人力资源管理为战略发展发挥更大的价值。

然而，任职资格的咨询项目却是在众多项目里最没有存在感的。一方面，这类项目难度很高，但价格不高；另一方面，相比薪酬绩效项目那么令人瞩目，抑或人才测评项目那么令人重视，任职资格项目似乎只是人力资源部门"静悄悄的游戏"。所有部门、所有员工都觉得任职资格体系很重要、必须有，但却觉得那是人力资源部门本应提供的管理工具。没有这套体系，似乎是人力资源部门的失职，有了这套体系，也不能说是人力资源部门的成功。

2023 年的中国南北方均遭受了严重的洪涝灾害。平日里我们不去关心排水系统的质量，但发生灾害的时候人们才发现这些看不见的管线才是关键所在。

在我二十余年的咨询生涯中，接触过许许多多的"问题"。诸如薪酬分配不公的问题、绩效考核流于形式的问题、人才质量不佳的问题等，这些问题非常"表面"，这样说是因为每个员工都能够感知到这些问题，与其说是问题，不如说是企业存在着某种待提升的方面。很少有人能够透过表面来深究这些问题背后的原因，即那些人力资源的"暗线工程"是否能够满足薪酬激励、选拔培养等这些专业手段的合理应用，并实现应用效果的最大化。

英国国家职业资格 NVQ 作为国家层面的标准和管理，其颗粒度较大。我们将任职资格体系作为企业内部的专业标准和管理工具时，首先要考虑到颗粒度的细分能否满足各个职业条线，甚至是各个关键岗位的能力区分度，同时还要考虑到任职资格体系与人力资源其他系统的相互影响、相互作用，以及任职资格体系与组织战略和人力资源战略规划之间的动态演变关系等。同时，随着科技飞速进步，越来越多的传统工作将被人工智能所改变或替代，因此我们必须重视在未来究竟需要什么条件的人才，他们如何开展工作，以及能够为组织做出什么样的价值贡献。

因此，任职资格体系就像人力资源战略的中轴，它紧密地衔接了人力资源的各个专业模块。然而目前在此方面已有的研究成果相对较少，能够结合中国国情的方法论则更加不足。在本书中我结合了二十余年的专业沉淀，并立足于时代飞速进步的视角，来展望任职资格体系应当如何搭建、如何应用及如何支撑组织的战略目标。

本书中的很多观点和实践可能并不十分完善和成熟，但我们仍然把它们总结出来，并希望它能给读者带来一些借鉴和启发，让这个"舶来品"在中国发挥更大的作用。对于书中存在的问题和疏漏，恳请读者批评指正，因为这样的论辩更能激发出人力资源管理在实践中的真正价值。在管理理论、管理技术、管理实践的相互融通的过程中，我们不纠结于理论本身是否恰当，我们更注重从管理技术到最佳实践的合理路径，以帮助中国企业树立自身的管理价值。

目录

第一章 以业务的角度建设人力资源的专业主阵，唱响人才强企主旋律 **001**

　一、我们关心的问题，是技术问题还是逻辑问题 005

　二、用"三支柱"敲开部门墙 006

　三、OD 岗位的异军突起和发展困惑 010

　四、如何定义"关键岗位"和"核心人才" 012

　五、任职资格体系的主体结构、核心维度和表现形式 015

　六、用任职资格体系来统一"度量衡" 020

第二章 做难而正确的事——构建与业务部门高度共识的任职资格体系 **023**

　一、"一厢情愿"的素质模型构建 028

　二、人才画像技术的革故鼎新——4K 角色管理（全能力模型） 031

　三、3K+1K，打通组织能力和任职资格的构建脉络 033

　四、"会做事"——K1 关键成就维度：对应知应会的显性信息进行结构化的管理 034

五、"做过事"——K2 关键历练维度：经历阅历、
困难挑战等方面对经验含金量的影响 ………………… 049

六、"找对人"——K3 关键特质维度：是探究某种
特质的程度，还是找寻具有某种特质的人 …………… 057

七、"走对路"——K4 关键路径培养体系：以考促学、
以训促能的组织赋能系统 ………………………………… 065

第三章 将人才理念充分渗透到组织的末梢——任职资格评定和人才评聘落位 ……………………………………… **071**

一、人才评价中心的功能和定位 ……………………………… 073

二、任职资格评定的四种主要方法：审、考、评、测 …… 075

三、计分逻辑和呈现形式 ……………………………………… 078

四、任职资格评聘实施——对号入座、引导落位 ………… 080

第四章 建章立制和运行实施——任职资格体系的场景化应用 ………………………………………………… **083**

一、配套制度有哪些，怎么建，怎么用 …………………… 085

二、任职资格的"一体两翼"应用场景——组织端 3P
和人才端 3D ……………………………………………… 117

第五章 战略顶天、专业立地——构建支撑人才战略的系统基石 ………………………………………………… **129**

一、人力资源专业体系的诊断方法——价值四协同法 …… 131

二、用"人才之帆"撑起人才战略的大船模型 …………… 134

三、人才队伍梯级层次培养的要点 ·············· 141

　　四、ChatGPT 对组织和人力资源的影响 ·············· 144

第六章　睿正经典案例及最佳实践专业文章 ·············· **149**

　　一、关键事件论在金融行业人力资源管理中的应用 ·············· 151

　　二、岗位价值评估发展历史及其当下应用难题与解决思路 ···· 169

　　三、员工职业发展双通道设计 ·············· 177

　　四、如何设计不同条线人员的任职资格标准 ·············· 184

　　五、任职资格、素质模型、胜任力模型——你的"模"

　　　　建对了吗 ·············· 195

　　六、OKR 时代的人才标准观 ·············· 207

　　七、成为高效 + 走心的面试官 ·············· 212

　　八、述能答辩会,你必须知道的几件事 ·············· 225

　　九、如何让"人才瓶颈"变成"人才红利" ·············· 229

　　十、积分制任职资格体系构建,牵引企业人才

　　　　发展——D 汽车零部件公司中高层管理者

　　　　任职资格体系构建项目 ·············· 238

| 第一章 |

以业务的角度建设人力资源的专业主阵，唱响人才强企主旋律

在作为咨询顾问这二十年的职业生涯中，我一直在思考着一个最为核心的问题，那就是人力资源管理到底有哪些底层逻辑。这种底层逻辑像是汽车的底盘，人力资源部门不仅作为驾驶员来操控薪酬绩效等管理制度，同时也能作为设计开发人员，对汽车底盘进行设计和优化，使其更有力地支撑发动机及其零部件和总成，让人力资源的各项制度真正成为组织发展的助推器。

在传统人力资源早期教材当中，我们深受以岗位管理为人力资源管理基础的影响，强调分工和管控，注重各种岗位分析和岗位评价工具的运用，并以此得出薪酬体系设计的基础。在 21 世纪初期，我们开始逐渐以"职位管理"来替代传统的岗位模式，让"岗位"与"人"的结合更加灵活和富有人情味。然而，上述这些都是在全球工业经济和实体经济蓬勃发展的时代产生的管理逻辑，那时候的企业像是一台巨大的精密仪器，在分工和流程相对稳定和明晰的条件下，"人"的存在感仍像这部仪器上的一个零部件，可以发挥的杠杆性价值是相对少见的。

随着全球互联网时代浪潮的席卷和信息技术的革命，研发的价值对于企业的突破性发展具有深远影响，"破坏性创新"这类看似玩世不恭的管理理念开始被认真地对待。十年之前，我们还无法理解像家门口最传统的修鞋配钥匙这样的手工作坊如何被互联网吞噬，而现在

"本地生活"这类服务也能够在平台上完成交易。因此，全球商业模式的迅速转型也让我们重新定义组织和人才，越来越多的工作高度依赖于人本身，尤其是那些智力密集型组织，能够培养或保留数名"核心人才"，无疑是人才战略方面的成功。

在这种背景下，任职资格体系开始登上时代的舞台。这种人力资源管理技术自带光环，既有华为、阿里巴巴等伟大的企业作为成功应用的背书，又并不以颠覆历史的姿态理性超脱于老套的人力资源管理基础，一跃成为当今主流企业人力资源管理的底层逻辑。

任职资格这个底层逻辑将组织发展中的"上下"和"左右"两个维度穿透打通，形成人力资源管理的主旋律。"上下"指从组织、部门到个人的三个层次，这三个层次从稳定的角度来说，依次呈现从高到低的特点。组织架构的稳定性最强，通常不会轻易调整。部门定位和分工的稳定性中等，会随着组织的阶段性发展动态调整。而个人的稳定性最弱，这里我们并不是指员工流失或个人意愿，而是短周期内任务的经常性变化，以及人的经验、能力与工作状态的经常性变化所造成的不稳定因素。任职资格在这种由上到下的变化当中，就像是一根立柱一样贯穿始终，对上承载着战略目标要求的组织能力因素，对下穿透到组织最末端的岗位和任职员工的管理模式。

"左右"指人力资源的两类重要的管理机制，一类是薪酬绩效等与激励兑现有关的"物质文明"，另一类是与人才培养发展和梯队建设有关的"精神文明"。任职资格的一侧绑定了薪酬绩效这类保障企业基础运行、合法合规的人力资源体系，另一侧衔接了推动企业加速成长、适配未来的发展性要求。

尽管在不久的将来，人工智能和ChatGPT还会无情地打破当今的人力资源管理逻辑（我们将在后面的章节分享这个观点），但是现在，任职资格体系就像"十字花"一样牢固地贯通了组织发展的上下和左右，成为我们用眼睛横扫一下能够看清的未来中，人力资源管理的主旋律。

一、我们关心的问题，是技术问题还是逻辑问题

大多数 HR 时常会陷入以下沉思。

问题一：职位序列该如何划分？划分的颗粒度有多宽？譬如是将人力和财务作为两个职位序列，还是将其合并为一个"专业职能"序列？

问题二：岗位与任职资格是什么关系？初级工程师、中级工程师、高级工程师是一个大岗、三个小岗还是一个职位序列中的几个职级？

问题三：绩效与任职资格是什么关系？是与绩效相关，绩效结果是任职资格中重要的组成部分，并赋予其相应的权重来处理，还是绩效结果作为任职资格的门槛条件，未满足条件则不能晋升？又或者说两者是平行的关系，一个对应奖金、一个对应培养？

问题四：任职资格等级必须和薪级薪档一一对应吗？如果薪酬体系是很早之前设计实施的，且各部门、各事业部的操作方式不尽相同，而任职资格是近年才逐渐开展的项目，这两个模块如何做到不是"两张皮"？

问题五：管理序列的任职资格和专业序列的任职资格，在设计中有什么不同？

问题六：任职中的学历怎么计分？学历高但专业完全不相关，可以被认定吗？

问题七：能力包括哪些？怎么衡量？能力是指现任职级的能力是否达标，还是指更高一个层级的能力能够匹配？如何避免晋升中的"彼得陷阱"？

问题八：丰富的阅历、急难险重的特别经历，这些应当被纳入任职资格体系吗？

问题九：干部是熬出来的还是学出来的，培养发展项目对任职资格的晋升有多大影响？

问题十：任职资格体系怎么评？评委如何构成？在线测评工具能测出什么？

问题十一：各部门业务领导会如何看待这套体系？员工体验如何？

问题 N：……

面对着成百上千名员工，如何将他们准确地装到任职资格这个框架里，是 HR 非常头疼的问题。任职资格体系的成功包括设计成功、落位成功和运行成功三个方面，而上述问题都是这三个方面的具体操作。在我看来，这些所谓的技术问题并不是哪个评委会严谨、谁家测评工具好用、领导重视而造成的。这些苦恼的背后，是我们首先需要想清楚，在您的组织中，任职资格体系究竟扮演着什么样的角色，发挥了什么样的作用，好比轿车的底盘上装上 SUV 的装备，必然会有种深深的乏力感。

二、用"三支柱"敲开部门墙

将人力资源作为一个独立的管理领域（Human Resource Management）至今只有短短四五十年的历史，相对拥有两百年历史的管理学而言可谓是一个"年轻人"。很显然，时间对它的打磨还远远不够，它并不完善和成熟。

在人力资源领域并不算长的发展历程中，人力资源部门本身就经历了数次重要的变化，其定位和功能与时俱进地越来越贴近战略和业务。人力资源三支柱体系更是在短短的几年中遍地开花，尤其是以阿里巴巴政委为代表的HRBP（人力资源业务合作伙伴）的出现，它让HR角色深深地渗透到业务工作中，形成"你中有我、我中有你"的融合状态。

首先回顾一下中国企业人事部门的几次重大转型，这样我们才可以更好地理解人力资源工作为什么、是什么和做什么。人事部门的发展从实证的角度清晰地阐述了企业对人的态度——职工管理、人力资源管理、人力资本管理。

（一）第一阶段——人事部

中国20世纪70年代~80年代人事部门的内部结构主要包括劳资处、劳组处、干部处、教培处等，这些以"劳动"活动与行为的管理为基础的部门名称现在听起来似乎显得比较生硬，这些带有历史色彩的人力资源组织架构已经逐渐淡出历史的舞台。

（二）第二阶段——人力资源部

在2000年后，随着外资企业的大量涌入和西方管理理论在中国遍地开花，中国传统的人事管理部门开始幡然醒悟、纷纷转型。人事部门在更名为人力资源部门的同时，其内涵也基于人力资源经典的六大专业模块（人力资源规划、人才招聘与配置、员工培训与开发、薪酬管理、绩效管理、劳务关系管理）进行重新划分。人力资源部门大多下设招聘、薪酬绩效、培训、干部管理、员工关系等科室或岗位。由人事事务机构向人力资源部门转型最大的变化亮点是将 HRM（人力资源管理）提升到管理和服务兼具的、支撑战略目标的组织地位。与此同时，人力资源工作从业者开始被赋予专业性、规范化的预期，譬如战略合作伙伴、变革发起者等时尚而高级的角色标签。与此同时，员工也被定义为人力资源部门的"内部客户"，人力资源部门可以清楚地知道他们在为谁服务。

在第一阶段和第二阶段，我们可以看出人力资源部门最核心的定位是以自身的人力资源业务为核心进行的分工，这种分工能够提升人力资源子专业的工作效率，例如负责招聘的岗位需要了解用人部门的需求和招聘渠道、劳动力市场的价格等，再聚焦于一个细分的专业领域中高效地完成任务。

（三）第三阶段——人力资源三支柱组织

HR 三支柱模型是戴维·尤里奇在 1997 年提出的，即 COE（专家中心）、HRBP（人力资源业务合作伙伴）和 SSC（共享服务中心）。以六大模块为基础的人力资源部门建设，本质上更强调于组织管控和专业化、条线化的管理；而以三支柱为支撑的人力资源体系源于公司战略，服务于公司业务，其核心理念是通过组织能力再造，让 HR 更好地为组织创造价值。

HR 三支柱的诞生打破了两堵墙：一是人力资源内部小部门之间的壁垒，二是人力资源部门与业务部门之间的壁垒。人力资源作业系统在保持自身的高效运转之外，更加注重专业之间的紧密融合。人力资源部门也更加注重提升内部客户的对接效率和服务体验，而不是像铁路警察各管一段那样的流水线作业。在与业务部门合作时也更能够立足于他们的站位去换位思考，HRBP对业务的深度渗透避免我的专业和你的意见之间产生重大分歧。

尽管三支柱的方式在许多企业里划分得并不彻底，也许是人力资源部门+HRBP的形式，也许是共享中心并非完全实现的状态，但这都不影响人力资源专业工作本身向前迈了一大步——即由聚焦于自身专业工作的完成，转向以客户和内部客户为核心的组织进化。

如今，大多数企业或多或少地实践了人力资源三支柱的架构。有些转型比较彻底，一步到位地进行了部门的重组；有些则采用温和的渐进式路线，在人力资源总部还沿袭着按照专业功能划分的条线管理模式，在下属企业明确HRBP的使命，以便其能够更好地与业务需求相融合。无论哪种方式，本身并不存在好坏对错，因为一切管理活动的评价都是用效果来评估的，而不是形式。

我们可以看到，由于三支柱体系的出现，HRBP更像是经纪人或代理人，他们在很大程度上会代表客户（内部客户）的诉求与利益，而那些合作得比较愉快的业务部门则像是委托人，"委托"HRBP及时地、规范地提供专业服务，包括与人力资源总部进行对接和执行集团统一的管理规定。

（四）未来阶段——硅基时代的人力资源组织

当HR们在疲惫中刚刚完成了一次转身过后，还没来得及喘息片刻，ChatGPT的技术浪潮就气势汹汹涌了过来。ChatGPT等人工智能技术的出现，将对人力资源管理工作产生诸多影响。

（1）大幅提高人力资源自动化作业水平：借助人工智能，一些烦琐的日常管理任务，如员工信息管理、薪酬和福利管理等可以实现自动化，提升效率。

（2）通过机器人进行员工招募和选拔：聊天机器人可以帮助筛选、面试候选人，使招聘过程更高效，同时可以提供更公正的评估，减少偏见影响。

（3）员工发展和培训越来越趋向于在线方式：通过智能系统可以对员工技能进行评估，进而提供定制化的发展计划和培训。

（4）提供契合时代的数字化体验：例如员工可以随时查询自己的薪酬、假期等信息，解答工作中的问题等。

（5）人事决策由主观经验的判断转向为数据驱动的决策：人工智能可以收集和分析大量数据，支持人力资源团队做出更精确的决策，例如，在员工离职风险预测、员工绩效评估等方面。

（6）人力成本的再优化：以上这些因素的提升，都可以帮助企业更好地招聘和留住员工，优化人力成本。

当然，人工智能的引入也会带来一些挑战，比如数据安全和隐私问题，技术的易用性和接受度等，这需要企业在引入新技术时充分考虑。ChatGPT等人工智能技术的出现，将人力资源部门的定位从成本中心到价值中心进行演进，随着人工智能技术的引入，组织开始意识到人力资源部门不仅仅是一个职能中心、成本中心，而且是一个能够产生重要价值的部门。通过使用人工智能等技术，人力资源部门可以提高员工的效率和满意度，从而提高整个组织的竞争力。

三、OD岗位的异军突起和发展困惑

最近五六年，组织发展岗作为突然兴起的新生力量，一度进一步提升了人力资源部门的专业地位。OD（Organization Development,

组织发展）通过一系列的措施帮助人力资源管理向战略目标迅速靠拢，并对员工队伍和素质进行推动和拉通对齐。

相对人力资源部门的招聘岗、薪酬岗、培训岗的工作内容而言，有多少家企业，就有多少种OD。如果是跨行业的职业发展，比如物流企业的薪酬主管转换到贸易企业的薪酬管理岗位，由于专业工作内容具有较高的相似性，薪酬主管在迅速熟悉行业和企业的特点之后，能够将此前的专业积累很好地运用到新的组织当中。有时候跨行业的岗位转换还能够促进企业和HR进行视角的转变，这也是一种积极的适应和磨合的过程。

但是，对于组织发展岗——我们俗称OD的这个岗位而言，很难有统一的、能够在上一个企业中将经验方法迅速而有效地迁移到另一个企业的做法。每个企业对OD的定义大相径庭，有些企业的OD要兼顾培训工作，有些企业的OD要负责组织架构调整工作和新事业部的推进，有些企业的OD要构建人才评价中心并进行干部考察，有些企业的OD则需要进行人员的优化与剥离等。这些工作相当的个性化，并带有某个企业在特定的行业、特定的竞争环境、特定的发展周期和特定的组织问题中强烈的个性化色彩。因此，OD这个岗位非常重要、非常独特，它需要灵活地、因地制宜地为本组织解决问题。

通常来说，我们衡量OD的工作是否令人满意，会从"提质增效"这个角度来审视。无论OD采取何种举措，只有提升人才质量、提升组织效能才能实现价值。然而在大型组织里，OD可能无法顾及组织中的每一位员工，而且组织中的重要资源也不可能均衡地分配到所有人员身上。因此，是时候来明确OD的工作重点，通过强化对关键岗位和核心人才的管理来为人力资源部门看似平淡的日常工作增添亮点。

在 2019 至 2022 年，新冠疫情等外部环境的变化，组织模式、办公方式和工作习惯产生了巨大的转变，而且某些临时的习惯渐渐固化下来，成为不可逆转的行为潮流，后浪推前浪一般滚入历史的洪流。各种远程在线的办公方式风起云涌，经济环境的变化及竞争压力的加剧开始让一些企业不得不拿出壮士断腕的决心，大力度地削减预算和优化组织。

在各赛道中的组织均呈现上升态势时，组织正在发展，OD 也必须搭上这班快车与组织共同发展。在企业扩张时期，对人才数量和质量方面的需求都快速增加，OD 会寻求各种方法来保质保量地完成人才的供给，要始终保证有充足的人才跟企业一起跑得更快更远，所以这个时期 OD 岗位显得非常重要和必要。然而在经济下滑阶段，组织发展有可能停滞不前，甚至出现阶段性的收缩或倒退，OD 岗位的存在则显得有些尴尬。

除经济周期和行业波动的影响之外，从 OD 自身的角度来看，由于尚未对组织形成可持续性的专业价值，其不可替代的作用相对有限。OD 岗位的一些职责和招聘、培训、干部管理等一些工作有重叠之处，但又无法清楚地定义究竟为组织解决了什么问题，以及如何长期地保持这个岗位的专业建设和发展，这是当下 OD 们正在面临的困惑。

四、如何定义"关键岗位"和"核心人才"

在人力资源管理实践中，我们会经常提及"关键岗位"和"核心人才"这两个概念。这两个概念的确深入人心，但在具体的定义和划分方式上并没有科学量化的界定依据。

在我们的咨询实践中，定义这两个群体，通常会采用以下原则。

（一）用三分之二原则来界定关键岗位

让我们来根据组织的战略圈定三个圆圈，当这三个圈圈的其中两个能够重叠的时候，我们可以定义其为"关键岗位"。当这三个圈圈能够完全重叠时，我们可以称之为"关键中的关键"。

一是关键业务，关键业务领域可以是目前的战略重点，也可以是未来的战略方向。越来越多的企业家开始秉承着"战略大体正确即可"的理念，不刻意追求精细化的战略设计和梳理，也不用陷入为了设计战略而设计战略的怪圈。波士顿矩阵能够帮助我们快速梳理出哪些是明星业务，哪些是现金牛业务；哪些业务应该快速收割利润哪些业务应该下力气进行未来的培养等。大体确定战略目标后，主流的业务方向就得以明晰和重视，这就是组织资源的聚焦领域。

二是关键价值，价值是面向市场与客户需求的。有些组织会根据客户分类来设定组织架构，如行业事业部；也有些组织会根据不同功能的产品线划分，或通过地区划分等方式来满足客户要求。这些现在或以后能够产生显著的商业价值的机构，包括事业部、部门或下属公司，人力资源部门在设定选育用留机制时会有所倾斜。

三是关键挑战，挑战对应着挑战性的目标，其背后是如何解决困难与突破现状。比如项目管理、产品开发、客户开拓等目标，除常规的工作目标以外，在部分环节或某个阶段往往存在着一些非常棘手的"卡脖子"问题，如常见的技术研发岗位。还有一些岗位需要深度复合型的工作能力，比如精通财务专业的IT工程师、了解工程技术的小语种翻译等。

当某个岗位或工作组具备了这三个关键中两个或三个的属性时，

我们就可以明确哪些岗位是需要被特别关注的。比如某集团公司将向生物科技领域进行新的战略部署，但并非所有生物科技事业部的岗位都属于关键岗位。在这个新发展的事业部当中，那些能够产生关键价值的岗位（如质量管理岗位等），我们可以将其圈定为关键岗位。其他岗位（如财务、生产岗位等），则属于一个企业生产经营活动中相对常规的岗位。

HR 们就需要对关键岗位设定更加具有针对性的管理举措。在选拔培养、激励保留方案设计时，可以在有限的组织资源中向此类岗位进行倾斜。在许多企业的实践当中，这类岗位的薪酬绩效会阶段性地打破原有激励机制的平衡。当一位对组织战略和业务非常了解的 HR 向老板提议对关键岗位的一些政策进行优化时，正好演绎了人力资源是企业的战略伙伴这一角色。

（二）用二维矩阵来界定核心人才

核心人才的个人价值对组织影响至关重要，个人的能力有时会直接影响到整个组织的能力。我们通过一个二维坐标来进行说明，坐标的纵轴是内部稀缺性，坐标的横轴是外部稀缺性，每个坐标由低至高分为三或四个刻度。很显然，谁是核心人才一目了然。

通常而言，高级管理人员、高级技术专家毫无疑问会被纳入坐标的右上角，因为他们内部培养周期很长，而且外部引进的成本和风险都有一定程度的不确定性。这些核心人才在组织中自带光环，因此在激励与保留中往往是组织资源最具有倾斜性的对象。我们需要注意的是，由于人才具有不可或缺、不可替代和独一无二的特性，因此我们很难复制出一个相同的明星员工。对核心人才的建设一定是对核心人才梯队的建设，是对核心人才的整个梯队进行构建，提高核心人才梯队的成才率,也能够反映 HR 在人才培养与加工能力方面的专业水平。

五、任职资格体系的主体结构、核心维度和表现形式

以表 1-1 为例,任职资格的主体框架就像一个诱人的汉堡包,顶上那片面包是基本条件、底下那片面包是否决条件,中间的馅料越饱满、越醇厚,就越有味道。两片面包的内容比较容易理解,基本条件是招募上岗时最基础的条件,就像网红店的一则形象有趣的广告——招募老板娘,要求有三:"女的、活的、人类",否决条件是老板娘候选人绝对不可以的三条:"已婚的、犯罪的、高于 80 岁的"。

表 1-1 中国 ×××× 审计序列基本条件("顶部面包坯")和否决条件("底部面包坯")

结构	指标	初级岗位	中级岗位	高级岗位
基本条件("顶部面包坯")	学历与专业	全日制本科及以上学历	全日制本科及以上学历	全日制本科及以上学历
	资格证书	行内外相关专业资质认证	持有注册会计师、注册金融分析师、国际注册内部审计师、注册信息系统审计师、注册内部控制评估师、国际注册风险管理师、金融风险管理师、中级计算机技术与软件开发资格、中级审计师、中级经济师、中级会计师、项目管理专业人士资格认证(PMP)等专业资质或行内审计资格认证之一	持有注册会计师、注册金融分析师、国际注册内部审计师、注册信息系统审计师、注册内部控制评估师、国际注册风险管理师、金融风险管理师、中级计算机技术与软件开发资格、中级审计师、中级经济师、中级会计师、项目管理专业人士资格认证(PMP)等专业资质或行内审计资格认证之一
	工作经验	—	3 年及以上工作经历(博士学历放宽 1 年)	5 年及以上工作经历(博士学历放宽 1 年)
否决条件("底部面包坯")	禁止准入	—	最近 2 次年度考核结果中,2 次为 D 或 1 次为 E	最近 2 次年度考核结果中,1 次为 D 或 E

这两片面包坯子都清晰明了,但中间的馅料不仅复杂和多样化,

而且各项因素交织在一起还会相互影响口感。"一团"瘦肉、"少许"盐糖、"适量"芝士这样的配方较为主观，而且这些材料混合在一起共同构成了我们对"品质"的主观感受。而且不同的用户（不同的业务部门或专业条线）对于馅料的要求截然不同，而人力资源部门需要像中央厨房那样有体系、有方法地持续输出高品质的人才梯队。

本书中我们重点探究"汉堡馅料"的设计、构成和运用方式。在众多的任职资格评价体系中，我们逐渐探索了一套简洁实用的方法论来形成顶层设计的技术路线，我们称之为"4K人才管理体系"。

科技的发达和社会的进步延长了人们的寿命和职业生涯的时间。按照未来政策可能的退休年龄来看，从大学毕业到退休大约是40年——近乎半个世纪的时间长度，在这么长的时间轴里，当我们立足某个时间点上来评定一个人的"能力"怎样、是否满足于某个职级的要求或匹配哪个岗位的标准时，一直缺少一套能够反映"人才质量"的工具方法来对其进行有效的衡量，同时在专业赋能和引导能力提升方面也会显得被动和乏力。

每天，我们都会产生各种跟工作有关的选择和行为，由于这些因素太多、太细碎和庞杂，所以我们必须选择那些最有价值、影响较大的因素进行结构化的处理，这就是我们最核心的人才管理思想——构建任职资格的关键维度：关键成就、关键历练和关键特质，并通过关键的培养路径来实现人才能力的突破式发展。这四个关键，我们用4K进行表达。

K1：Key Achievement，关键成就。成就既包括学术成就（知识技能、科研成果、学术成果等），也包括工作成就（绩效、荣誉等），是完成和造就专业成功的核心维度。

K2：Key Experience，关键历练。指阅历中有价值的、可向未来迁移的经验沉淀，而非单纯的时间累积，是立足于长期主义的职业发展要素。

K3：Key Competency，关键特质。指胜任工作所需要的能力、潜力或素质要求，这里的胜任是能够区分绩优人员和一般人员之间差别的能力和心理特征，是有动力坚持做好一件事情的人格因素。

K4：Key Growth Path，关键路径。指向职业目标靠拢时，如何通过对K1、K2、K3进行最快捷和有效的方式进行赋能和提升，设计最佳路线以实现整体能力的突破式发展。

综观近年对人们具有深远影响的管理理论，如蓝海战略、长尾理论和基业长青等，那些深深打动我们的是这些清晰而卓越的管理思想，尽管这些管理思想在各行各业的应用实践当中不尽相同，但是它们依然是管理文明和进步的明灯，指引着我们走正确的路、做正确的事，以及做伟大的事。

4个K是关键的馅料，是人才质量和人才实力的体现。对于那些几千、几万人员规模的超大型组织来说，由于人数众多，因此职级往往也比较细密，这样的设置便于更好地和薪酬方案进行接轨。我们的内部客户（员工）抬头向上看一看，那些密密麻麻的格子似乎有非常漫长的道路要走；我们的领导低头向下看一看，在茫茫人海中什么样的人才能够脱颖而出也是个难以做出决策的问题。所以，我们除了做好这个汉堡之外，还需要明确这个汉堡的"产品定位"，它是那种大批量出货的普通产品，还是走精品路线打造高端品牌的定向产品？

因此，我们还需要对人才的层次，以及组织能力的大拐点进行分类，就好比《领导梯队》中描述的五个管理层级那样，对基数更加庞大的非管理梯队进行大层次的划分。以表1-2为例，这种层次的划分

表 1-2 专业序列分层角色定位标尺

	维度	初级	中级	高级	资深	首席
角色定位	责任承担影响力专业水平	对事：辅助 对人：— 专业：学习	对事：独立 对人：支持 专业：熟练	对事：主导 对人：指导 专业：精通	对事：把控 对人：激发 专业：攻关	对事：规划 对人：引领 专业：权威
责任	①战略变革中的责任	—	独立完成优化改进产品或服务 参与某领域创新性解决方案的设计	参与重大系统性的战略变革任务 主导完成某领域创新性解决方案的设计	牵头研究并落地重大系统性的战略变革任务 把控创新性课题的研究关键环节	规划重大战略变革方向 引领行业前沿水平的创新蓝图，持续突破
专业	②工作责任承担	常规、支撑性工作	常规、重点产品/模块	战略性、重大产品/模块	整体进度及关键技术环节的把控	跨产品/模块的整体规划及发布局
	③领域多样性	本专业领域单一模块/产品	本专业领域多模块/产品	条线内跨专业领域	本条线全专业领域	跨条线多专业领域
	④问题解决	在指导下解决常规问题	独立解决常规问题	解决复杂问题	攻克系统性疑难问题	创造性解决全行范围内关键问题
影响力	⑤专业影响力的展现形式和性质	—	传递专业观点，响应需求	（向总行部门负责人/分行负责人汇报） 跨部门中，用专业判断来进行影响、推动	（向分管行长汇报） 在本条线范围内，基于专业洞察力，进行决策和协调	在全行进行专业工作推动与协调 行业权威，为×××发声，参与行业标准制定

依据是在各个专业序列中不同段位所对应的角色的划分，比如在技术研发序列中高级专家的角色是制定技术战略，中级专家的角色是执行技术路线，初级技术人员的角色是辅助设计等；而不同的技术角色分别对应了好几个职级。大多数组织中对角色的划分会更大、更宽，但相对于一级一级的职级晋升来说，角色层次变化更具有挑战性，也更能够体现其能力较之前有更加突出的变化，这种变化背后是对组织的价值贡献的影响更深和更大。

在实操层面，如果人数众多且职级较细，在某个具体的职级上实现全国人才非常精细的拉通对齐是有一定难度的。比如产品序列全国共有1000人，分为20个职级，那么第6级在各地区可能会略有差异。但是如果将产品序列的角色划分为五段，所有高级角色的段位均需由总部进行统一评聘和职数管理，这样操作往往在现实当中更加可行。

以表1-3为例，常见的任职资格主体结构及主要维度包含以下内容。

表1-3 常见的任职资格主体结构及主要维度

角色定位：□P1-助理　□P2-专员　□P3-主管　☑P4-资深　☑P5-专家				
对事：□辅导　□独立　□主导　☑把控　□规划 对人：□支持　□指导　□激发　☑引导　□决策 专业：□学习　□熟悉　□精通　☑攻关　□权威				
结构	一级维度	二级维度	示例	培养方式
"顶部面包坯"	基本条件	学历/专业 年龄/工作经验 职称/荣誉奖项 政治面貌	"女的、活的、人类"	

续表

结构	一级维度	二级维度	示例	培养方式
"馅料"	K1：关键成就 Key Achievement	知识技能	"会做事" 指向专业成功	K4：关键路径 Key Growth path "走对路"
		价值贡献		
	K2：关键历练 Key Experience	专业历练	"做对事" 指向职业成功	
		项目历练		
		管理历练		
		特殊经历		
	K3：关键特质 Key Competency	专业能力素质	"找对人" 指向事业成功	
		管理能力素质		
		潜力		
"底部面包坯"	否决条件	价值观认同	"已婚的、犯罪的、高于80岁的"	
		遵纪守法		

六、用任职资格体系来统一"度量衡"

引进和培养出数名组织需要的明星员工当然是HR的显赫功绩，将个人能力转化为组织能力则是HR的专业功底。组织能力的提升远远不如引进明星员工那样能够被直观地表达出来，反而如果组织中优秀的人才不断流失的话，我们更容易将其归咎于组织本身哪里出了问题，而这个问题可能并不是人力资源部门能够解决的范围。

造成组织能力不足的问题是什么？是激励机制出了问题，还是企业文化出了问题？抑或多种问题并存而导致人才流失、人心涣散等？

在竞争激烈的时代，公平感和比较心理让我们已经感到疲惫不堪和麻木不仁。我比较赞赏的观点是：管理的目的是激发善意，而非奖惩。

公平从来不是衡量出来的，它是比较出来的。没有绝对公平的时候，不公平感就成了人们需要面对的问题。越追求公平的人，内心不公平感越多；能容忍一定程度的不公平现象的人，内心的公平感越多，不公平感越少。薪酬的公平感源于与自己有工作可比性的人的收入水平，绩效的公平感源于分配绩效指标和资源时的差异性，晋升的公平感往往对照着和自己同一起跑线的同事。

面对大型的、复杂业务的集团公司时，庞杂的业务造成复杂的团队构成和多样化的薪资体系。任职资格体系在这种局面中，则颇有些"统一度量衡"的作用，用一套具有内部可比性的标尺解决多层次、多职种、多职级的平衡与对标问题。同时我们需要注意到，平衡与对标本身不是管理目的，通过这套系统建立合理的人才结构，保持队伍与队伍的饱满、高效与轻盈，对各序列、各层次的人才实行更加精准的服务，这才是任职资格体系作为主旋律所发挥的专业积极作用。

在我看来，任职资格管理的持续成功不仅仅是有一套清晰的任职标准，更重要的影响因素是"体系"本身。任职标准仅是尺子上的刻度，它的作用仅仅是告诉你差距在哪。体系在软的方面包括了对组织战略与文化的支撑性、员工对制度的认可程度、对利益的把控与平衡、权力的运用等，体系在硬的方面涉及是否与薪酬挂钩、是否与晋级相关、是否与更好的工作机会绑定等应用场景。体系成功了，任职资格管理就成功了一大半，而体系中任职标准的撰写则是技术层面的问题。

| 第二章 |

做难而正确的事——构建与业务部门高度共识的任职资格体系

对于番茄炒鸡蛋这道菜，不同任职资格的厨师会产出什么样的结果？做好番茄炒鸡蛋需要什么样的条件和知识技能？

米其林大厨做的番茄炒鸡蛋，不仅在视觉和口感上均能够达到艺术品的水平，而且厨师还会精心搭配与这道菜相呼应的其他菜品，同时能够娓娓道来番茄炒鸡蛋的饮食文化，让我们在品尝这道菜时获得一种全身心的美好体验。

如果在街头连锁的快餐店来吃这道菜，理论上无论你去哪家门店都应当是一样的品质。厨师根据中央厨房统一制定食材、调料的配方，按照标准化的油温和火力进行烹饪。如果是在学校食堂个人承包的炒菜窗口来打份番茄炒鸡蛋，今天的咸淡口感和西红柿的熟烂程度与今天炒菜师傅的心情息息相关。

以厨师做好番茄炒鸡蛋这道菜来举个形象的例子，做好这道菜需要什么样的任职资格？米其林大厨、连锁快餐店的厨师，以及学校食堂的炒菜师傅做番茄炒鸡蛋有什么不一样？

在冰山模型中，越是冰山水面上的维度越清晰量化，越是冰山底层的维度越模糊不清。任职资格冰山模型也是这个原理，基本条件最为直观和易于评价，这部分内容几乎没有太多的设计色彩，只要在合理的框架内采集信息就可以。从冰山中部到底层，知识、技能、能力从上到下依次分布，越往下越难以直接编写和直接评判。

除基本条件、绩效等这些显性的因素外，任职资格中非常重要的三个维度为知识、技能、能力。我们如何理解这三个概念呢？知识就像是菜谱，是通过学习、记忆、背诵就可以获取到的信息，米其林大厨和食堂炒菜师傅都能够通过这道菜谱的知识考试，然而考试成绩并不足以能够区分其业务水平。技能就像是"火候"——油温加热到多热、先放糖还是先放盐、鸡蛋要不要先炒熟再盛出来……这些操作细节每个人的运用都不一样，这些操作技能对菜品的口感有直接的影响，但在鉴定时考官需要花费精力去衡量判断，比如让每位厨师炒一盘菜端上来品尝，才能区分优秀厨师、一般厨师之间的区别，并且这里面还需要剔除偶然性和系统误差、教官误差等影响因素。能力素质则更加隐晦和不容易直接辨别，一名优秀的厨师应当对做饭充满了激情，愿意深入了解每个客户的口味差异和需求，乐意尝试用不同品种的番茄不断进行创新，根据食客的反馈持续对菜品进行改良等。这些能力素质确实能够区分杰出厨师和一般厨师之间的巨大差别，但是对于找出这些差别的评审依据，则需要非常专业、深入和较长时间的积累，才能实现。

以表 2-1 为例，在横向上我们可以看到米其林大厨、连锁快餐店的厨师，以及学校食堂的大师傅这几种不同的组织场景下对人才标准的管理差异，纵向上我们通过基本条件、工作经验这些满足上岗条件的门槛要求，以及知识、技能、能力素质这三项关键的任职资格维度来进行区分。

表 2-1　三类厨师的任职资格要求差异对比

结构	任职资格维度	具体内容	米其林大厨	连锁店厨师	食堂炒菜师傅
基本条件		厨师证、健康证等职业资格证书	厨师证、健康证等职业资格证书，且相关证书越多越好	厨师证、健康证等职业资格证书	厨师证、健康证等职业资格证书
K1：关键成就 Key Achievement	知识 "懂菜谱"	菜谱、原材料知识、操作流程	熟知各国的食材品种，了解不同地域菜谱的差异性，可以看懂外文菜谱	掌握公司标准化菜谱和加工流程即可	根据自己熟悉的方法和偏好形成自己的风格
K1：关键成就 Key Achievement	技能 "会掌勺"	功夫、火候，能够做出不同口味的番茄炒鸡蛋	能用不同品种的番茄做出令人满意的菜品，并进行精美的摆盘和装饰	按照公司统一的火力、加热时间来操作	根据主观经验随机发挥
K2：关键历练 Key Experience	工作经验 "做过菜"	本岗位经验（做过番茄炒鸡蛋）相关岗位经验（做过西餐厨师）管理岗位经验（做过后厨主管）	经验越多越好	可以没有专业经验，由公司统一进行上岗培训	自己摸索，看心情
K3：关键特质 Key Competency	能力素质 "爱做菜"	对做饭有激情，对菜品口味不断钻研和创新	把炒菜当作乐趣，把菜品当作艺术品设计	责任心强，执行公司标准化操作	成本意识强，保证食品安全健康
否决条件		健康状况	传染病患者	传染病患者	传染病患者

以上表为例，我们首先需要形成一个框架，纵向分为哪些维度、横向分为哪些职类或职级，然后才能将这些格子填满，这个表格的框架结构就是任职资格地图的主体。还需要考虑填写的内容是否容易操作和评价，比如把菜谱作为考卷来组织考试，可以判断知识水平。但

炒菜技能就需要让厨师们亲自炒一盘菜来尝尝了，这种方式显然没办法大规模、标准化地推广。如果是判断厨师的能力素质则很难在短短半个小时之内完成，需要长时间的观察考验才能略有认识。如果这些任职标准只能定性，不能判断，那么还是停留在纸上谈兵的阶段。

一、"一厢情愿"的素质模型构建

自 1879 年德国心理学家冯特在法国莱比锡大学建立了世界上第一个心理学实验室以来的近 150 年里，人们对通过心理学探究能力，并将探究的结果准确地运用于职场当中以提高组织能力和商业价值的兴趣越来越深厚，也越来越具有商业价值。

站在历史的洪流中，能力素质模型的起源则是在最近 50 年才产生的新鲜事物，这项技术沉淀的时间比我们年富力强的 HR 们大不了几岁。

1973 年，麦克里兰博士在《美国心理学家》杂志上发表一篇文章 Testing for Competency Rather Than Intelligence。文中，他引用大量的研究发现，说明滥用智力测验来判断个人水平的不合理性，并进一步说明人们主观上认为能够决定工作成绩的一些人格、智力、价值观等方面因素，在现实中并没有表现出预期的效果。所以，他强调要离开被实践证明无法成立的理论假设和主观判断，回归现实，从第一手材料入手，直接发掘那些能真正影响工作业绩的个人条件和行为特征，为提升组织效率和促进个人事业成功做出实质性的贡献。他把这种发现的，直接影响工作业绩的个人条件和行为特征称为水平素质。这篇文章的发表，标志着水平素质运动的开端。

然而，任何科学都必须经历时间的检验。能力素质模型在进入中国短短数十年之后，弊端开始逐渐显现出来，成为一种让人爱之不深，却又弃之不能的"技术甜品"。称之为甜品并无恶意，主要是HR部门必须通过能力探究、挖掘和发展来提高人才效能，但是目前尚未有普适性的技术方法能够得到业务部门的高度认可和信服。在饥饿的专业需求面前，例如用人部门作为我们的内部客户，他们需要通过与业务工作高度结合的人才测评方式来解决打硬仗和吃干饭（竞争和发展）的实际问题；而这些华丽的甜品可以应付当下"饥肠辘辘"的局面，但对于深度的可持续发展还显得有些乏力。

起源于20世纪70年代的素质模型是工业经济时代颇具代表性的管理产物。在大规模生产、大规模销售的产品体验时代，人作为实现产品过程不可或缺的生产要素之一，需要与原材料、设备等生产要素同样发挥出稳定、可控、减少变量因素的作用；即便是创新，最终也同样需要保证产品本身的稳定与可控。因此，通过"冰山模型"来澄清底层的、隐性的、稳定的个人特征，有助于将绩优员工作为优质生产要素去进行工业经济时代的资源匹配。

互联网对传统的经济规则与商业模式进行了碾压式的改造。物质由匮乏很快转变为过剩，随之而来产生了蓝海战略与长尾理论的思想，企业和消费者开始将注意力放在"自我意识的觉醒"上。全球性的经济危机验证了黑天鹅效应的逻辑：你不知道的事比你知道的事更有意义。这时候我们如果依然固守着"通过澄清人的隐性特质去进行人才管理和梯队建设"，那么这些绩优员工迟早会像恐龙一样，消亡在新生代的开始。

传统冰山式的素质模型最终成为一组美好词汇的堆砌，不仅被业务部门所不屑，同时也被人力资源部门视为鸡肋。这些看上去很美的素质词条，在开展人才测评时必须依赖于高度通用的在线测评工具，并结合专家经验而得出判断。于是，人才测评便成为一个在专家头脑里进行"暗箱操作"的任务，在专家的头脑中输入信息后，通过一个暗箱进行神秘的判断，最终输出测评结论。选择有经验的测评专家成为保证测评结论准确的重要指标。

各种"反侦察"技术的培训已经在面试、竞聘等活动中成为一条成熟的产业链。在各类互联网服务平台中，有专门指导面试技巧的，有通过刷题来提高在线测评成绩的，有包装简历和专业文书的，有训练演说和表达能力的，有相关实习经历塑造的，甚至有表情管理的专家对模拟面试的过程提出画龙点睛的意见。这条产业链的商业化运作和细分令人叹为观止，这种"反侦察"技术的发展速度甚至有超过正统的技术进步的态势。冰山模型设计与应用的演变历程如图2-1所示。

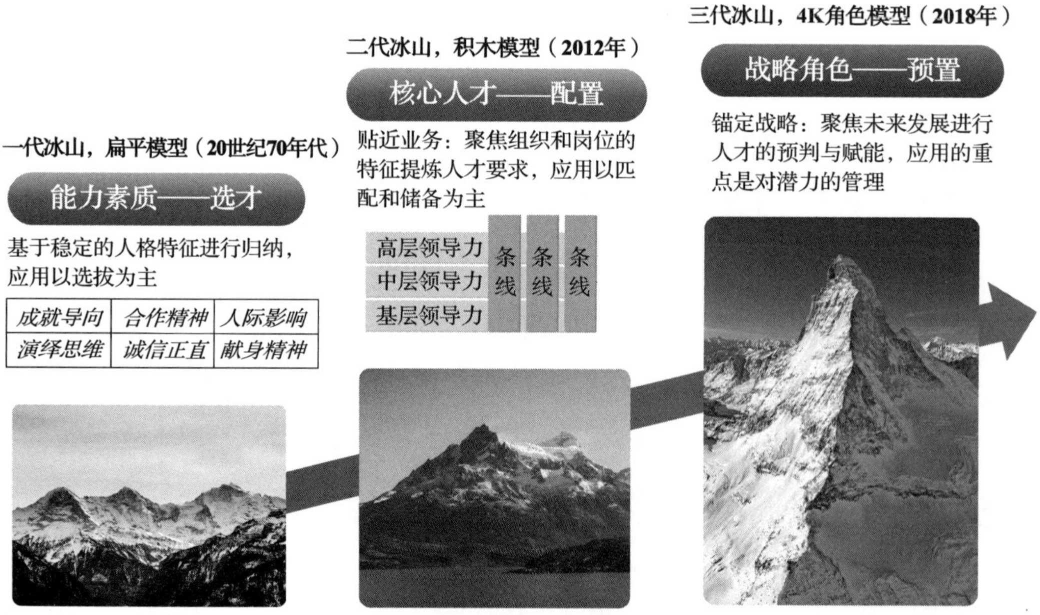

一代冰山，扁平模型（20世纪70年代）
能力素质——选才
基于稳定的人格特征进行归纳，应用以选拔为主

| 成就导向 | 合作精神 | 人际影响 |
| 演绎思维 | 诚信正直 | 献身精神 |

二代冰山，积木模型（2012年）
核心人才——配置
贴近业务：聚焦组织和岗位的特征提炼人才要求，应用以匹配和储备为主

高层领导力　条条条
中层领导力　线线线
基层领导力

三代冰山，4K角色模型（2018年）
战略角色——预置
锚定战略：聚焦未来发展进行人才的预判与赋能，应用的重点是对潜力的管理

图 2-1　冰山模型设计与应用的演变历程

二、人才画像技术的革故鼎新——4K角色管理（全能力模型）

尽管"人才画像"这四个字并非什么严谨的专业名词，但它远远比能力描述、素质测评这类专业词汇更加接地气和深得人心。业务部门对特别心理学和特别"HR"的说法找不到感觉，觉得那些专业建议都"太软""不够量化"或"与业务结合度不高"。

我们更愿意用"角色"这个概念，因为角色不仅可以清晰地定义（是谁），可以深入地引导（做什么、入戏），还可以对角色实行有效的管理（做得更好）。特别是对人才和能力进行画像后的长期管理，会更富有积极的色彩。

角色最初是由拉丁语rotula派生出来的，这一概念最早出现是在20世纪20年代社会学家格奥尔格·齐美尔的《论表演哲学》一文中，当时他就提到了"角色扮演"的问题。但直到20世纪30年代，"角色"一词才被专门用来谈论角色问题。在此之前，角色一直是戏剧舞台中的用语，是指演员在舞台上按照剧本的规定所扮演的某一特定人物，但人们发现现实社会和戏剧舞台之间是有内在联系的，即舞台上上演的戏剧是人类现实社会的缩影。美国社会学家米德和人类学家林顿则较早地把"角色"这个概念正式引入了社会心理学的研究，角色理论也就成为社会心理学理论中的一个组成部分。

毫无疑问，工作中的各个职位与职级都是特定的组织角色。社会心理学家将角色等同为社会地位，角色定义包含三种社会心理学要素：角色是一套社会行为模式；角色是由人的社会地位和身份所决定的，而非自定的；角色是符合社会期望（社会规范、责任、义务等）的。因此，对于任何一种角色行为，只要符合上述三点特征，都可以被认为是角色。角色即为"一定社会身份所要求的一般行为方式及其内在的态度和价值观基础"，这正好符合了组织角色的管理需要。

2018年，4K角色管理技术带着悲情般的色彩，在纷乱复杂中涅槃重生。4K角色管理的核心维度如图2-2所示。

4K人才管理体系

贡献度	显性可变	关键成就 Key1 Achievement	
准备度	相对可塑	关键历练 Key2 Experience	关键路径 Key4 Growth Path
匹配度	相对稳定	关键特质 Key3 Competency	发展度

图 2-2　4K 角色管理的核心维度

图2-2展示了一个"新冰山"式的人才画像系统。这套系统将业务部门所强调的"硬指标"与HR部门关注的"软能力"进行深度融合，并整合形成一套可量化的、可操作、可发展的能力管理系统。这套系统既可以是各层级组织能力的分布体现，也可以是各序列员工能力的演进方式。总之，这套系统能更加有效地解决识人用人、激励人培养人的问题，以及提高各类人事决策的准确程度。

许多客户企业形象地将4K称为"全能力"模型。相比之前偏冰山底层的心理特质建模而言，业务部门更欢迎这种"软硬兼具"、实实在在的能力标准。4K模型从时间上涵盖了过去、当下、未来三个角度，对于人才储备、落位定级、职级晋升等应用场景，都能够跨越更大的职业周期并奠定更加厚重的人才发展底蕴。

三、3K+1K，打通组织能力和任职资格的构建脉络

冰山顶层的关键成就、中层的关键历练、底层的关键特质，这三个 K 分别贯穿了任职资格体系、能力素质模型及企业传统的识人用人标准的整体，由表层的上岗条件（如在简历中可以识别到的信息）到底层的素质条件进行体系性、结构性的设计，形成了对人才全面识别的"评鉴三 K"。相比以往单纯从工作经验、绩效或者是能力素质测评来说，K1、K2、K3 更加注重对一个活生生的人，包括他此前和现在的成长道路，以及他从行为到个性方面完整全面而深刻的画像呈现，并促使其实现专业成功、职业成功、事业成功三个层面的可持续发展。

与 K1、K2、K3 不同的是，K4 关键路径并不是一个维度，而是一套用于培养发展的路径。由于 K1、K2、K3 可以准确地找出候选人在各项维度上的高低长短，因此对其设计具有针对性的培养发展手段，能够立足于全面提升人才能力的角度对其进行"因材施教"式的学习管理。

因此，我们将 K1、K2、K3 作为人才画像和评鉴的方法论，其常见的应用场景多为招聘、选拔、储备、晋升、调动等，可以大大提高人岗匹配的效率和效果。将 K4 作为人才培养体系的设计基础，对各项维度中的具体指标进行推动提升，可以对培训手段和培养效果实行精确的运用和管理。

四、"会做事"——K1 关键成就维度：对应知应会的显性信息进行结构化的管理

在关键成就这个一级维度中，主要的二级维度包括了学术类成就（知识技能、科研成果、学术成果等），也包括工作类成就（绩效、荣誉等），这些都是能够判断一个人已经拥有的能力储备性条件。

在任职资格标准设计中，我们常常听到一个问题，绩效与任职资格的关系是什么？是两个平行的体系，以绩效是否达标（或绩效不能是较差和差）作为先决条件，还是将绩效作为任职资格维度的一部分，对其赋能权重来管理？甚至还有些销售部门的同事会比较直接地表达，绩效就是任职资格，业绩指标就是任职资格中最关键的部分，其他都没太大用处。

从理论上来说，成就一定包含了学历、经验和绩效这些已经发生过的部分，是已知的、显性的、第三方材料可以证明的素材。学历和经验都清晰可循，绩效结果却在每个组织里不完全具有可对比性。受绩效体系是否科学、绩效指标是否合理、绩效等级分布是否区分明确等影响，绩效成绩并不一定能够完全、客观地反映员工此前的业绩水平。

假如绩效指标是公平可取的指标，是否纳入任职资格维度，我们可以进行这样的判断：越是量化的绩效指标，如销售任务完成率、质量合格率、检验准确性等，其考核结果作为任职资格维度构成之一越有说服力；越是无法量化的考核结果，如职能部门的工作计划完成情况、工作态度、责任心这类软性的、主观的指标，其考核结果越不易与任职标准紧密捆绑。在后续的计分逻辑中，我们

会介绍不同的分值管理办法，然后结合绩效体系的情况进行不同的处理。

（一）用知识技能来识别业务达成的能力要项

知识和技能是能做、会做的必要条件，但并不是做得好不好的充分条件。知识是存储在大脑中用于理解事物的信息，比如管理学知识、外语知识、产品知识等，技能被定义为通过长时间练习获得的能力，比如管理技能与领导力、英语交流能力、产品开发与创新能力。知识和技能在实际应用中都是非常重要的，知识是一套道路和标准，帮助我们了解和解释这个世界。我们可以依据这套道路和标准来制定行动方案和预期结果。技能则是在制定行动方案和达到目标时，实现操作和实际表现的方式。只有掌握了相关的技能，才能在实际操作中达到预期的效果。

虽然知识和技能的作用不同，但两者又互为基础，互相促进。掌握了足够的知识后，可以通过运用这些知识来培养相关的技能；而合适的技能，则可以帮助我们更好地实现知识的应用。以表2-2为例，我们在关键成就的二级维度设计中，通常将知识和技能融合在一起进行设计，这样才能将知识技能的水平与工作的效果和结果紧密联系，避免"高分低能"的怪现象。

1. 知识技能的分类依据

知识技能相当重要，但更重要的是以什么样的逻辑来呈现这项维度。是以学科知识作为分类依据，还是以工作职责或结果作为分类依据？

表 2-2 某银行 ×× 序列专业知识技能的分类和定义

定义		类别	释义	样例
知识	与本专业相关的科学理论和实践经验	基础知识	理论知识：能够形成独立课程的理论知识体系	Python 语言
			政策知识：行内外本专业相关规章制度	《金融科技三年发展规划》
		前沿知识	国内外本专业领域新趋势、新技术、新方法	5G、物联网、区块链
↓ 学用知行 ↑				
技能	在知识基础上，通过练习固化的符合价值创造规律的工作方式	专业技能	××子序列：本专业方向（子序列）人员需具备的核心技能	大数据商业分析、Python 程序设计

注：达成绩效目标所必须具备的知识和技能的集合，代表能够持续稳定创造价值的专业条件。

一种方式是以知识体系和知识点为主进行分类构建，例如"产品知识"中的产品定位、产品功能、产品价格、故障处理方式、竞品信息等，这类构建方式对于主要通过讲授、阅读、背诵等输入性方式进行获取比较有效。另一种方式是以业务价值链的划分作为构建逻辑，例如产品分析、产品推广、产品销售、售后服务等，这种与工作职责的活动或成果相关的划分方式，有利于提升需要通过反复的演练和实践来掌握的能力。

2. 知识技能的表达句式

无论采用哪种分类方式，对于一段知识技能完整的表达句式均应包括三个主要部分：①具备什么样的知识技能水平（一般为定性）；

②对知识技能活动过程的描述、运用知识技能解决了什么问题；③对业务活动成果的描述（尽量定量）。

示例：生产运行管理的知识技能

①充分掌握区域内各个子公司/基地的特点与生产管理难点。②能够指导子公司/基地对全年生产进行提前规划与安排，在出现重大生产问题时，能够协调多方资源牵头负责问题解决。③达成区域子公司/基地全年生产计划98%及以上。

示例：生产成本管理的知识技能

①深入了解分管领域子公司/基地的成本管理模式与管理难点。②能够指导子公司/基地制定相应成本管理的规划与目标，在成本出现大幅波动时，能够指导子公司/基地解决相关问题。③分管领域子公司/基地全年成本未出现超过3%的波动。

---

3. 知识技能的条目数量和递进方式

心理学中有个7+2组块效应，证明人类短时记忆的容量是有限的，超出了这个容量就很难记住。因此我们设置知识技能的条目应在五六条为宜，尽量进行归纳和整合以保持最佳的记忆结构。因为我们需要意识到，记忆和考试本身的目的并非对知识技能进行管理，保证员工熟练掌握和轻松运用才是深层次的目的，所以我们应尽量通过简洁的方式加以呈现。

在4K的各个一级维度中，知识技能这个二级维度最具有阶梯式递进的特点，即区分从初级水平向中高级水平进行纵深发展时，对知识技能的掌握和运用的不同水平。如果是作为培训学习、技能训练和能力发展使用，以知识技能本身作为图谱会比较清晰明确；如果阅读对象是各级员工本人，应用场景为聘用、定级调级、调薪等情形，则以一个职级全口径的知识技能要求为呈现方式会比较完整。

（1）能力成长式呈现：体现知识技能的纵向结构。岗位递进式知识结构设计如图 2-3 所示。

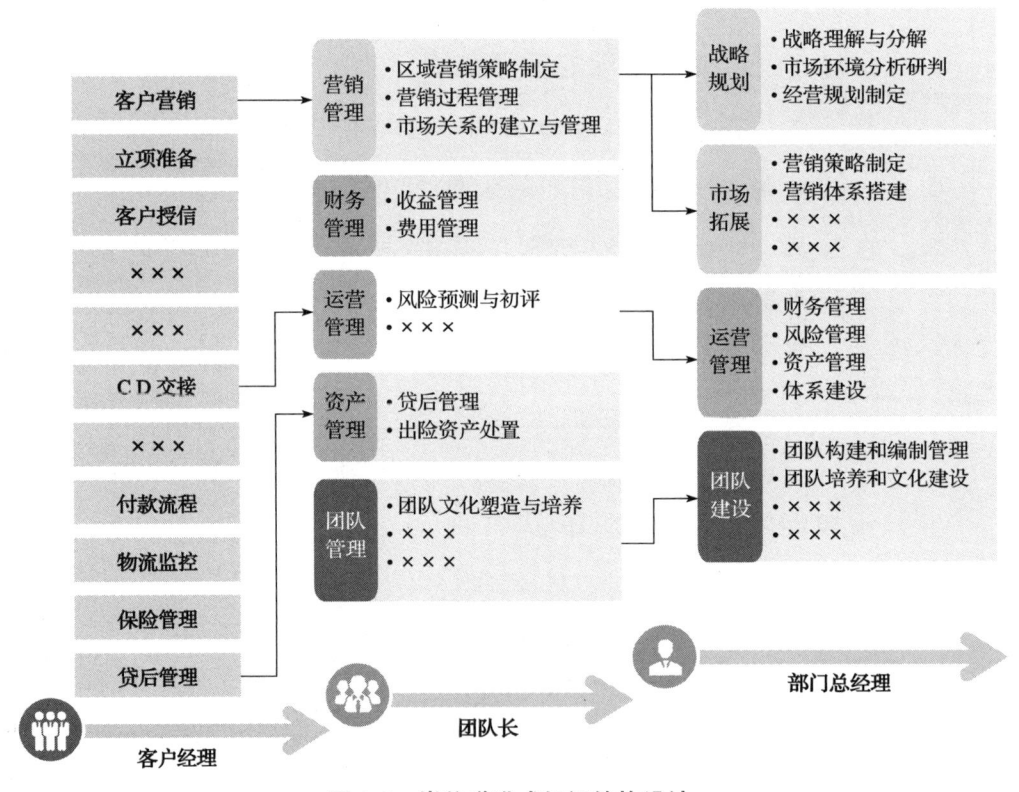

图 2-3　岗位递进式知识结构设计

（2）全面评价式呈现：体现知识技能的横向结构——岗位知识广度。岗位知识图谱如图 2-4、图 2-5、表 2-3 所示。

公司制度与规范	营销知识	行业知识	战略管理知识	产品知识	财务知识
1.公司介绍 a.公司历史与文化 b.公司战略 c.公司业务 d.部门经营规划 2.公司制度 a.行业策略 b.审计稽核制度 c.人力资源制度 d.财务报销制度 e.行政管理制度 f.××× g.×××	1.客户发现 a.客户梳理与到达 b.渠道开发与维护 2.营销过程 a.需求挖掘与引导 b.意愿锁定 c.××× d.××× 3.客户管理 a.客户维护与经营 4.营销管理 a.复合化业务推进 b.渠道体系建设	1.金融行业与融资租赁 2.经济形势 3.区域经济形势及政策 4.××× 5.×××	1.行业发展形势及政策 2.××× 3.××× 4.部门规划制订方法	1.售后回租赁产品 2.××× 3.××× 4.保理产品 5.创新产品 a.财富管理 b.另类投资 c.××× d.×××	1.会计基础 2.财务基础指标分析 3.××× 4.××× 5.××× 6.费用管理

图 2-4 岗位知识图谱（一）

法律知识	团队管理知识	项目管理知识	资产管理知识
1.融资租赁相关法律 2.《中华人民共和国合同法》 3.《中华人民共和国公司法》 4.合规监管 5.租赁物件、保理应收账款 6.《中华人民共和国担保法》 7.××× 8.××× 9.××× 10.××× 11.《中华人民共和国民事诉讼法》 12.关于审理融资租赁合同纠纷案件适用法律问题的解释 13.全国法院民商事审判工作会议纪要等	1.计划管理手段与技巧 a.目标设置的方法 b.规划安排的原则和方法 2.组织管理手段与技巧 a.任务分配的原则 b.××× c.××× 3.领导管理手段与技巧 a.决策判断的步骤和方法 b.团队激励的方式与方法 c.××× d.××× 4.控制管理手段与技巧 a.监督手段与反馈技巧 b.××× c.××× 5.行政管理 a.行政管理要点	1.业务运营体系 2.收集资料 3.尽职调查 a.现场访谈 b.实地查看 c.财务查验 4.撰写报告 5.××× 6.××× 7.贷后业务变更 8.重大事项管理 9.流程操作 a.客户登记 b.××× c.××× d.××× e.××× f.业务审批流程 g.现场签约操作 h.业务撤销变更 10.风险客户管理 11.风险处置文件法律稽核 12.处置服务采购等	1.资产管理体系 2.客户监控方法 3.××× 4.××× 5.××× 6.不良资产复盘分析 7.贷后管理的流程及操作要点

图 2-5 岗位知识图谱（二）

表 2-3　某银行 ×× 序列专业知识技能的分类和定义示例（节选）

风险	风险条线业务——风险管理	全面风险管理	1. 风险策略和风险偏好制定及明确
风险			2. 智力框架与组织框架搭建
风险			3. 风险管理体系构建
风险			4. 管控工具、政策和程序开发与应用
风险			5. 差异化 ××× 管控机制建设
风险			6. ××× 管控强化
风险			7. 风险文化建设和培育
风险 /IT			8. ××× 支撑体系构建
风险		授信管理	1. 信贷资产风险分类管理
风险			2. ××× 业务尽职责任认定制度建设
风险			3. 风险预警前瞻
风险			4. 现场检查工作机制
风险 / 分支机构			5. 分类风险管控实施
风险 /IT			1. 重构 ××× 平台体系
风险 /IT			2. ××× 分析平台
风险 /IT			3. ××× 制度和管理体系建设
风险 /IT			4. 贷前准入、调查、授信审批及现场检查环节的大数据应用
风险	风险条线业务——内控合规	内部控制管理	1. 金融创新及重大授信业务、前置审查机制建设
风险			2. 制度生命周期管理
风险			3. 授权与转授权管理
风险			4. 内控梳理
风险		法律合规管理	1. ××× 闭环全流程风险管控
风险			2. 健全合规风险的监测、评估流程
风险			3. 控股法人机构的合规管理
风险			4. 风险合规文化建设
风险		反洗钱与案防管理	1. 员工行为管控
风险			2. 案件 ×××
风险			3. 洗钱风险管理

（二）用价值贡献来整合战功战果和业绩成果

值得注意的是，我们往往容易用成就的成功与失败作为判断的尺度。如果一件任务获得成功，那么参与者似乎可以将此事件作为自己的关键成就来彰显；如果一件任务不幸失败了，这个失败的案例则不能作为个人能力的举证。这种处理方式是具有一定局限性的，因为无论事件成功还是失败，或者是部分获得成功，也仍然有可能会有部分的内容可以作为"个人"（而非事件）获得成就的体现。有些情况下，个人的能力无法力挽狂澜，但他只要将损失减少就已经是很大的成就了。以表2-4为例，有时候我们也倾向于用价值贡献来反映工作成就，这可以在某种程度上弥补绩效成绩的片面性，或者不同事件结果对任职能力形成的干扰因素。以表2-5为例，价值贡献由个人提交申报，并由专家评委进行评审，

表 2-4　某银行信息科技条线专业价值贡献示例（节选）

专业价值贡献	中级	高级
完成重大平台搭建（××岗）	1. 参与完成战略项目或重大管理机制支撑系统平台业务需求设计分析。 2. 完成需求分析、模块方案设计。 3. 完成关键模块的研发工作。 4. 完成上线材料准备、系统上线试点和推广应用。 5. 功能模块达到××目标	1. 完成战略项目或重大管理机制支撑系统平台功能模块设计分析。 2. 协调相关业务部门实现项目立项。 3. 完成整体方案设计，配合系统架构设计。 4. 完成一般问题的技术攻关，为低层级人员及时提供技术指导。 5. 参与完成项目后评估。 6. 系统平台达到××目标
完成系统常规功能建设（××岗）	1. 完成现有系统功能业务需求分析和设计。 2. 完成关键模块的优化迭代。 3. 完成××的技术攻关，为低层级人员及时提供技术指导。 4. 协调相关业务部门实现项目立项。 5. 系统建设达到××建设目标	1. 完成整体方案的分析和设计，参与系统架构设计。 2. 完成××的技术决策，为低层级人员及时提供技术指导。 3. 跟进推动项目的实施情况，识别重大风险。 4. 完成项目后评估

续表

专业价值贡献	中级	高级
完成研发测试实施与支撑及保障（××岗）	1. 完成战略项目或重大管理机制支撑系统平台的测试管理工作。 2. 完成常规测试工作。 3. 完成××的测试管理工作。 4. 完成专项测试技术、规范、工具的优化改进、能力提升。 5. 完成专项测试体系的建设优化工作，促进研发质量提升	1. 完成战略项目或重大管理机制支撑系统平台的测试工作。 2. 完成多类型多领域的××级大型测试项目的全过程测试管理工作。 3. 组织进行新测试技术方法的落地实施，推动测试相关规范，结合开发业务的变化进行优化改进工具。 4. 推动测试组织能力往开发和业务领域的延伸，促进开发质量和产品能力的提升。 5. 完成全面测试体系的建设优化工作
开展核心人才培养	1. 完成自身人才培养的相关任务。 2. 参与完成人才培养相关工作的调研分析。 3. 辅助完成相关领域的培训课程开发。 4. 参与组织相关领域的人才培训工作	1. 完成自身人才培养的相关任务。 2. 完成本序列人才能力地图的编制。 3. 推动本序列人才培养体系的建设。 4. 推动人才培养工作的持续改进
完成核心资产积累	1. 参与完成项目相关模块资产的编写。 2. 参与完成项目相关调研报告和标准规范的编写。 3. 参与完成项目相关论文和专利的编写	1. 完成项目核心资产的持续沉淀。 2. 完成本领域调研报告和标准规范的编制。 3. 完成本领域论文和专利的编制、申报。 4. 跟进推动本领域资产积累的实施情况，为低层级人员及时提供方法指导

表 2-5　战略核心成就个人申报表格（节选）

关键成就事件	
事件名称	场景金融服务平台搭建
事件发生部门/机构和时间	信息技术部开发中心，20××年2月
与专业价值贡献的对应关系（可多个）	完成重大平台搭建（开发岗）

续表

事件证明人（可多个）	信息技术部总经理赵××、××中心经理王××、软件开发岗张××
事件背景与核心挑战	为了实现金融与场景的深度融合，构建C银行差异化核心竞争力，搭建××服务平台并被列为××级别的核心科技项目之一。我作为××服务平台开发团队的负责人，负责完成这个系统平台的技术方案设计、系统开发等工作。该项目在××正式启动，并在××之前投入使用。 该项工作的关键挑战在于：①时间紧迫，为日常用时的三分之二；②需要协调的部门及各类资源较为复杂，需同时协调业务部门、架构团队及风险团队；③该平台作为创新产品，涉及的技术创新较多，且风险因素复杂，风险监测平台开发难度高

在所有的任职资格维度中，我们最不提倡用形容词作为撰写范式。例如"良好"的××能力、"优秀"的××水平这些词汇，这些看似能够区分人才的定性标准，但只会在操作时徒增麻烦。

在表2-4中，我们可以看到所有的描述都以准确的动词开头，整个句式围绕着重要工作事件的参与或完成行为和参与或完成深度进行描述，这种描述方法能够带给评委良好的"代入感"，让他们很快能够"入戏"，也有利于围绕着具体的工作行为和工作事件交换意见、达成共识。

综上所述，我们通过各种样例来阐释了关键成就维度的作用和呈现方式。关键成就这个维度既涵盖了"能做会做"事情的应知应会条件，也整合了此前能够"将事情做到什么程度"的水平。以表2-6、表2-7为例，在工作成就中，如果绩效结果科学合理，可直接将其整合进来；如果仍需一些绩效指标之外、但对战略和业务具有重要影响的责任或任务完成情况，可在价值贡献这个二级维度中进行单独的定义。

表 2-6 运维序列专业价值贡献样例（节选）

标准构面		初级	中级	高级	资深
序列定义		从事系统、网络、机房、应用、终端技术支持等运维保障、维护及提供支持服务等部门信息系统建设、维护及提供支持服务等相关工作			
角色定位		运维操作者，根据运维流程规范和要求，在中高层级专业人员的指导下，承担基本的IT运维及服务支持工作，保障系统服务运行正常	熟练能手，根据运维目标要求，独立解决IT运维相关的各类日常或较为复杂的专业问题，参与相关运维项目建设工作，针对运维问题提出系统升级改进意见	专业高手，能跨专业领域进行技术融合，独立承担制度流程改进和技术创新，组织或参与大型复杂重要基础设施管理、推进项目建设和管理、系统研发等专业工作，能够快速定位和解决各类复杂问题，能跨领域沟通并推进业务联合运营能力建设	跨领域技术专家，洞悉新技术和行业方向，结合×××战略目标，制订运维前瞻性规划和创新方向，主导×××相关战略任务的分解执行，推进IT人才运维能力提升，促进业务赋能和组织效能提升
关键履历	学历专业	本科及以上学历；计算机相关专业或金融、经济等相关专业，全日制学历优先考虑	本科及以上学历；计算机相关专业或金融、经济等相关专业，全日制学历优先考虑	本科及以上学历；计算机相关专业或金融、经济等相关专业，全日制学历优先考虑	本科及以上学历；计算机相关专业或金融、经济等相关专业，全日制学历优先考虑

续表

标准构面		等级构面			
		初级	中级	高级	资深
	职称与资质	—	持有系统管理或数据库管理或网络管理相关的中级及以上的执业资质证书（如OCP认证、CCNP认证、持有计算机相关中级证书或具备相应能力优先考虑；作为第二作者在省级以上期刊发表论文优先考虑	持有系统管理或数据库管理或网络管理相关的高级及以上的执业资质证书（如OCP认证、CCNP认证），持有计算机相关高级证书或具备相应能力优先考虑；作为第一作者在省级以上期刊发表论文优先考虑	持有系统管理或数据库管理或网络管理相关的高级及以上的执业资质证书（如OCP认证、CCNP认证），持有计算机相关高级证书或具备相应能力优先考虑；作为第一作者在国家级以上期刊发表论文，或拥有相关专利优先考虑，或拥有相关IT技术专利优先考虑
关键履历	工作经验	××年及以上软件开发或运维等相关工作经验，××年及以上金融行业工作经验；硕士及以上学历，通过试用期	××年及以上软件开发或运维等相关工作经验（××年及以上金融行业工作经验）；硕士及以上学历，××年及以上金融业务相关工作经验，××年及以上软件开发或运维等相关工作经验	××年及以上软件开发或运维等相关工作经验，××年及以上金融行业工作经验；硕士及以上学历，××年及以上金融业务相关工作经验，××年及以上软件开发或运维等相关工作经验	××年及以上软件开发或运维等相关工作经验，××年及以上金融行业工作经验

续表

标准构面		等级构面			
		初级	中级	高级	资深
关键履历	通则	1. 应取得相应子序列上岗资格证。 2. 晋升上一职级的，上年度绩效考核结果为××及以上。 3. 各层级晋级将进行数数控制			
	禁止准入条件	1. 当年绩效考核为××或连续两年绩效考核为××。 2. 发生违规失职行为并受到处分者			
绩效	平均3年工作绩效	—	不能有××等级	不能有××等级	不能有××等级
	专业价值贡献 重大战略项目或平台建设	1. 辅助完成战略项目或重要支撑系统平台建设现状梳理、需求整理与分析。 2. 完成项目相关部分的技术或业务支持与运维工作	1. 参与战略项目或重要支撑平台目标制定、建设方案设计及可行性报告编写。 2. 完成需求分析与技术交流与产品选型测试。 3. 完成项目实施的过程管理。 4. 完成项目产变更上线材料准备，系统上线实施及试点推广应用。 5. 具体功能达到预期建设目标	1. 推动战略项目或重要支撑平台目标制定、建设方案设计及可行性报告编写。 2. 组织技术评审，推动项目立项流程。 3. 负责协调解决项目实施过程中的疑难问题。 4. 功能模块达到××目标	1. 牵头完成战略项目或重要支撑平台设计方案及可行性报告编写。 2. 协调相关部门实现项目立项。 3. 推动系统试点、分支机构推广应用。 4. 完成项目后评估与经验推广分享。 5. 系统平台达到××目标

续表

标准构面		等级构面			
		初级	中级	高级	资深
专业价值贡献	系统建设与功能优化	1. 辅助完成系统新增功能或优化需求整理和分析。 2. 辅助完成系统新增功能或优化改进的测试、上线验证工作。 3. 收集系统运行过程中的问题，并辅助跟进、解决	1. 独立完成系统新增功能或优化需求整理和分析。 2. 独立完成系统新需求或优化改进的UAT测试（用户验收测试）、上线验证跟踪工作。 3. 参与信息系统项目过程建设，并解答项目过程中的问题。 4. 完成系统上线及推广应用。 5. 具体功能达到预期建设目标	1. 牵头制定系统建设功能目标，组织产品选型。 2. 推动项目立项，制订项目整体计划。 3. 推动项目过程控制，质量控制。 4. 组织系统上线及推广工作。 5. 组织项目后评估工作。	1. 牵头组织完成x级系统群整体运维规划，可行性分析，并制定实施路径，组织项目推动建设。 2. 组织xx系统群项目运行评估体系，并推动评估结果落地。 3. 牵头对生产重大疑难问题进行定位、确定，制定优化方案并推动解决。 4. 开展行业前瞻性技术研究，并推动应用落地实施
	运维管理	1. 完成日常例行工作处理和服务支持。 2. 协助系统优化与改进的落地实施。 3. 执行系统及业务运行监控与问题反馈，参与生产问题处置，确保业务稳定运行。 4. 协助内外部技术或业务沟通协调	1. 指导和参与完成日常例行工作处理和服务支持。 2. 主导完成生产事件应急处置及实施，优化与改进的落地实施。 3. 负责系统及业务运行监控，确保业务稳定运行。 4. 完成应急预案制订、组织培训及演练。 5. 主导内外部技术或业务沟通协调	1. 完成运维相关制度和流程标准体系建设。 2. 推动重大、疑难问题解决与系统优化及改进，确保业务稳定运行。 3. 负责系统及业务连续性控制标准与指标制定。 4. 推动业务连续性管理、应急预案制订、培训、演练。 5. 牵头组织业务、开发、运维联合运营和生产应急	1. 规划运维相关制度和流程标准体系建设。 2. 制定运维整体目标并组织落实。 3. 规划和建立业务连续性管理及应急响应体系，确保业务稳定运行。 4. 推动人才队伍建设，业务赋能和组织效能提升
绩效					

表 2-7 专业价值贡献业务释义表（节选）

序号	专业贡献项	定义	方向				
			基础设施运维	系统运维	应用运维	业务部室	分支机构
1	重大战略项目或平台建设	全战略项目或支撑的系统管理机制平台，数字化转型的核心项目，董事会和经营层督办的重点项目	支持××业务系统运行的机房关键基础设施，包括数据中心建设、灾备中心建设等	支持××业务系统运行的数据中心骨干网络、核心存储、重要业务支撑平台、业务连续性灾备建设项目等	支持××业务系统运行的数据中心骨干网络、核心存储、重要业务支撑平台、业务连续性灾备建设项目等	能够实现业务流程优化、客户满意度提升、风险控制等作用的核心或创新系统平台	不适用
2	系统建设与功能优化	除重大战略项目或平台建设以外的其他系统建设与功能优化	机房关键基础设施，包括数据中心机房基础设施升级、建设与改造等	系统高可用改造，硬件生命周期管理、系统调优、系统版本升级、系统、数据库、网络架构优化、重要基础平台建设与功能优化等	应用运维支撑配套系统建设及优化，包括应用监控、自动化调度、配置管理等	本条线相关业务系统建设及功能优化	支持分支机构特色业务开展的业务系统建设及功能优化，以及网络与机房优化改造
3	运维管理	运维管理主要包括系统日常管理、应急响应与响应支持	确保机房动环基础设施日常管理、优化与应急响应支持	包括系统、网络、数据库日常管理及优化与应急响应支持	包括应用软件、中间件、日常管理、数据查询等日常管理、优化与应急响应支持	业务系统日常管理、优化与应急响应支持	分支机构机房及网络、特色业务及总行推分业务的日常管理、优化与应急响应支持

关键成就这个一级维度的指向都是基于更好地完成工作任务的，它锚定的是事而不是完整的、活生生的、有血有肉的人。有些时候，尽管员工并不喜欢某个专业或某个岗位，但他仍然能够尽职尽责地做好这件事情。在关键成就这个维度中，我们只衡量"会做事"所应当具备的条件，并不判断员工是否热爱这项工作。同时，从对K4关键路径的运用来看，由于这部分内容知识点清晰、知识技能结构明确，因此比较容易开发成为内部课程，并通过"以考促学""专业赋能"的策略推动员工更好地掌握知识技能，以及在关注自身绩效结果的同时，更好地理解组织对价值贡献的管理思路，并产生相应的行为和结果。

五、"做过事"——K2关键历练维度：经历阅历、困难挑战等方面对经验含金量的影响

曾经有位薪酬经理问我，眼下有两个工作机会，一是在薪酬岗位上持续深耕，二是转到培训岗位上尝试新机会，哪个更好？

在回答这类问题时，我们应当在建立中长期的职业发展目标后反过来寻找最佳路径。如果她的目标是成为人力资源部门的一把手，对于人力资源总监这个岗位来说，同等条件下经历过人力资源各专业模块的候选人更优于一直在人力资源单一模块上工作的候选人。另外，同等条件下经历过组织架构重组、薪酬变革项目，或者是解决过重大突出事件的候选人，显然也更优于始终处于企业平稳阶段的候选人。

是性格造就了职业，还是职业塑造了性格？对于这样的问题，40岁以上的朋友们会感慨良多。在刚刚走出校门的青葱年华，第一份工

作对我们的职业认识的影响是深远的。在职业生涯逐渐步入正轨，向中高层管理岗位晋升时，往往经历过多种工作条线、完成过跨部门的工作挑战的历练会成为宝贵的经验财富。

对同卵双胞胎的研究阐释了一个惊人的现象：在对性格的塑造产生决定性作用的因素中，先天基因和后天环境的影响各自不相上下，在教育的范畴中，后天的影响因素更大。这个道理非常清楚地告诉我们，人们在职场中走过的路、经历过的事、接受过的挫折与挑战，均会对人们的行为、能力和价值观乃至完成任务的决心和信念起到重要的影响作用。因此，我们通过提炼有意义的指标维度，一方面可以识别候选人过往的关键历练对未来能力的迁移和提升是否起到积极的作用，另一方面可以在培养发展端对欠缺的经历进行有意识的训练，以弥补由于经历或经验不足所带来的问题。

（一）经验价值赋分模式：聚焦关键岗位

在 A 房地产集团中，项目总经理是非常重要的岗位。这个岗位需要完成项目从规划到交付各环节的"关键任务"，通过每个项目操盘的情况来体现"关键价值"，同时在紧张的资金链、密集的工程进度、诸多不可控因素下来应对大量的"关键挑战"。满足这三个条件，项目总经理这个岗位可以说是"非常关键的关键岗位"。从某种程度来说，房地产集团项目总的人才质量，对于产值利润会造成直接的影响。

在地产行业中，项目中的人才流动较为频繁。由于项目类型多种多样，项目的难度、复杂程度、工程特点等均有较大差异，如果想识别那些"经验丰富、业务能力强"的项目总经理，不同的项目公司、不同的业务领导会有各种各样的判断视角。另外，A 集团的项目总经理也面临着整体能力转型的挑战，由于之前对项目总经理的定义主要在工程建设阶段，因此项目总经理大多是工程专业出身，其主要工作是按时、保质保量地将工程建设好，对其他的环节（如规划、营销等）较少涉及。随着行业整体快速发展和管理水平的进步，项目总经理的角色定位也随之发生了较大的转变，项目总经理由"工程总经理"向"项目的第一操盘手"进行转型，成为全流程管理的项目总经理。这样的项目总经理既需要懂工程，又需要懂规划和营销；既需要善于与政府和施工方打交道，又需要擅长组建团队和整合资源。满足"既要、又要"全链条复合性的项目总经理，如何进行评鉴和培养？

2019 年，集团的战略目标对人力资源管理重点工作要求如下。

（1）统一用人标准，通过人才选育用留变革，打造具备集团规范的人才管理体系。

（2）持续推进组织变革，激发城市公司积极性，提升决策及组织运行效率。

（3）优化激励方案、经营导向，精准激励。

（4）突破传统招聘思路，引进高端人才。

（5）加强人力资源团队建设，优化人力架构，调整人员配置。

我们通过以下举措来响应战略要求，通过 4K 角色管理来构建支撑业务的人才管理体系。

第一，关键人才标准统一：深入业务真实场景，形成一套共识的、标准化的集团规范人才语言。

第二，关键人才精准判断：关键维度，精准识别人才。

第三，关键人才动态管控：形成健康的关键岗位人才队伍，强化腰部力量。

第四，文化引导：细化文化考评，引导全员和人效提升。

在关键历练这个环节，我们首先根据全新的项目总经理角色定位，梳理出以下关键挑战，作为项目总经理的"新五条"用人理念。

第一责任人：以多角度明确项目目标，缜密细致地制订计划，确保操盘节奏明确、重点清晰。主动拔高站位，对工作有主人翁意识，从公司战略和客户诉求出发，致力于公司的长远发展与经营价值的最大化。

资源整合者：善于发现潜在风险，敢于打破固有思路，创造性地找到解决问题的最佳路径，并坚定推进，重视资源的积累与整合，获得信任与支持。

业务领路人：从组织发展需要出发，全面收集多方信息并系统分析，抓住主要矛盾，制定落地的工作规划或行动方案。

团队塑造者：以身作则成为团队榜样，通过有效的分工授权、机制建设、人才培养等方式，打造有战斗力的团队。

开拓进取者：给团队设立挑战性目标，为达成目标，带领团队主动学习突破，勇于创新变革。

以表 2-8 为例，根据"新五条"，对项目总经理工作经验中最有价值的部分进行提炼和赋值。

表 2-8　项目总经理关键历练模型（节选）

模块	关键历练	赋分条件	分值	计分方式
专业条线历练	营销条线工作历练	3 年以上的工作经验	5	以是否符合赋分条件为标准，符合计 5 分，不符合不计分
	研发、精装、景观条线工作历练	3 年以上的工作经验	5	以是否符合赋分条件为标准，符合计 5 分，不符合不计分
	工程、开发、成本条线工作历练	5 年以上的工作经验	5	以是否符合赋分条件为标准，符合计 5 分，不符合不计分

续表

模块	关键历练	赋分条件	分值	计分方式
项目操盘经历	单一项目最大体量	××万平方米以上	30	以符合的最高赋分条件计分，不重复计分
		××万平方米至××万平方米	20	
		××万平方米以下	10	
	项目业态	负责过文旅/产业综合项目	15	※ 每个选项业态出现为计分标准，出现1次及以上计相应分数，不符合不计分。 ※ 不同业态出现可累计加分
		负责过商业综合体项目	10	
		……		
	同时承担项目数量	同时承担超过三个项目	5	以是否符合赋分条件为标准，符合计5分，不符合不计分
	……			
管理经历	新进市场	进入新城市，并负责当地资源拓展	10	以是否出现为计分标准，出现1次及以上计10分，不符合不计分
	新建团队	从无到有地建立新的项目团队	10	以是否出现为计分标准，出现1次及以上计10分，不符合不计分
	……			
工作绩效	过去一年现岗位绩效	A$^+$	5	过去一年绩效A$^+$计5分，A及以下不计分
关键成就	获奖纪录（10分封顶）	区域公司以上内部重要奖项	5分/次	按次数计分，每次计5分，获奖纪录整体不超过10分
		行业内重大奖项	5分/次	按次数计分，每次计5分，获奖纪录整体不超过10分

表2-8简明清晰地阐述了K2关键历练中过往最有价值的经历，以及过往经验所沉淀的能力与未来工作挑战之间可以转换和迁移的内容，并对其进行量化计分处理。当这套工具方法落地后，我们可以对那些拥有一二十年经验的候选人进行客观鉴别，同时在形成一定的样本量之后，设定分值区间，将所有候选人划分为成熟型、骨干型、发

展型的项目总经理，并根据其业务能力和操盘经验进行精准的项目适配和培养发展。

（二）挑战经历管理模式：聚焦核心人群

房地产集团项目总经理的经验价值赋分管理是聚焦于简历信息相对同质化的背景下，对其工作时长和经验的含金量进行提取，其管理对象是一个具体的岗位，这个岗位边界清晰、责任明了，对这个岗位预期的价值产出也非常量化，因此我们设计出最有含金量且这些经验可以转化为业务能力迁移到新的工作场景中的指标体系，就可以把几百名拥有十年以上经验的项目总经理像过筛子一样筛选一番，将"个头较大"（即价值得分高）的候选人进行分层分类管理，例如谁该匹配超大体量或高难度项目、谁该和具有哪方面经验的人合作、谁的哪项经验有学习和推广价值、谁该去补什么课、哪个区域公司缺乏什么样的人才、哪个区域公司核心岗位的人才储备是否到位等。

然而在另一些场景下，任职资格管理的颗粒度比岗位要宽些，可能是一个条线，或一个专业子序列。在这个范围中，工作职责、任务流程、解决问题的方式差异较大，无法形成统一的范式，所以我们需要找出这个群体有共性的地方，在众多的参评对象中辨别一个人的"功绩"是属于正常应得的工作结果，还是他通过额外的努力，获得了超出预期的结果，以及他在这个过程中的表现是否远远高于通常的水准。

1. 急难险重场景下的人才储备

B银行需要在几千名候选人中选择一小部分人作为重点培养对象，安排轮岗和进行人才调动，为近期总行业务结构转型快速培养出人才先锋队。由于原来的任职资格较粗，相同职级上的人数已经达到上万人，因此我们需要细化标准，在优秀的候选人中寻找卓越的人才，以满足总行战略性的人才需求。

以表2-9为例，我们在K2关键历练中，设计了这样几个场景作为区分优秀人才和卓越人才的标准。这些场景与未来的战略息息相关且并非常规的绩效能够涵盖的范围，它们更侧重于"解决问题的成熟经验和杰出能力"，在组织转型阶段，这些特殊的经历是宝贵的经验财富。

场景一：从艰苦地区、困难机构"打翻身仗"。

场景二：在主攻战场持续提升核心竞争力。

场景三：在一般性区域市场建立比较优势。

表2-9 关键历练事件个人申报材料（节选）

挑战经历场景	个人事件申报
场景一：从艰苦地区、困难机构"打翻身仗"	【事件1-1】临危受命到偏远地区××机构，使××业务收入半年内实现从××万元到××万元的反转
场景二：在主攻战场持续提升核心竞争力	【事件2-1】连续五年获得××业务评比第一名 【事件2-2】一年内将××机构筹建开业，成功打造全国五星级网点，新建网点快速提升零售资产投放产能
场景三：一般性区域市场建立比较优势	【事件3-1】牵头组织××相关部门、××家经营机构、××名中高管及业务骨干，开展样板间复制推广工作坊
......	

2."身经百战"的强将人才选拔

在另一个项目中，我们不是以场景的挑战程度来搭建指标体系，而是以个人工作努力投入的程度和效果来构建，找出那些有动力、愿意付出额外的努力去积极争取更好的结果的候选人。以表2-10为例，我们搭建了一个二维的框架体系，横轴是历练的情境（任务有多难），纵轴是一个人经历了这些后是否形成了解决问题的模式（具有什么经验和能力）。

表 2-10 关键历练事件列表（节选）

历练维度 \ 历练情境	1. 正常环境下远超他人的表现（在经济环境利好的情况下，自己做出高于别人两倍甚至更多的贡献）	2. 困难或危机情境下优胜于他人的表现（在困难或重灾区等出现问题的危难情况下，自己坚定信念做出超越大多数人的贡献）	3. 重大变革下突出贡献的表现（在组织面临重大转型或变革时，自己做出有利于组织发展的突出贡献）
攻坚克难	事件 1-1 【事件名称——业务持续位居前列】连续五年获得××业务评比第一名	事件 2-1 【事件名称——扭转业绩跌势】临危受命到偏远地区××机构，使××业务收入半年内实现从××到××的反转	事件 3-1 【事件名称——改革转型样板间推广】牵头组织××相关部门、××家经营机构、××名中高管及业务骨干，开展样板间复制推广工作坊
风险防范	事件 1-2 【事件名称——避免重大风险损失】成功推动业务发展的同时有效地控制风险，避免现实的巨额授信风险近××亿元	事件 2-2 【事件名称——重大风险处置】××风险大爆发期间，××亿元票据风险敞口得到有效保全。目前重组项目运行正常，实现风险全覆盖、资金无损失、舆情零报告的工作目标	事件 3-2 【事件名称——不良资产清收处置】在"经济新常态"的不断演化下，三年内带领团队实现问题及不良资产出表与清收××亿元
效能提升	事件 1-3 【事件名称——业务流程优化】产品体系梳理和优化，帮助某业务实现了净收入××增长	事件 2-3 【事件名称——核心技术改造】优化资产负债结构，至少提升××盈利能力	事件 3-3 【事件名称——业务转型推动】根据××总部改革转型要求和市场竞争环境，创新研发××流程再造项目
团队管理	事件 1-4 【事件名称——组织梯队建设】搭建人才培养平台，2年内培养、输送各类初级、中级管理干部合计××人	事件 2-4 【事件名称——核心团队重塑】在分中心管理混乱、核心团队成员严重不足、重要岗位管理者缺失的情况下，经过1年努力带领全员实现人员满编、管理规范、业务发展持续健康，6名成员成长为骨干中管，员工收入稳定，幸福指数较高	事件 3-4 【事件名称——组织转型推动】资管新规政策出台，资产管理回归本源情况下，针对不同的客群、业务特点，实施网状团队管理运营模式，做到垂直化管控

回顾一下 K2 关键历练这个章节，其内容比 K1 关键成就更多，对于职业生涯的管理更具有持续发展的意义。K1 关注的是事情与任务，K2 关注的是一个人一段又一段披荆斩棘的心路历程，由于经历具有不可逆的特点，所以这对于职业理念、职业态度和职业规划的深层塑造具有非常重要的影响。

六、"找对人"——K3 关键特质维度：是探究某种特质的程度，还是找寻具有某种特质的人

"特质"非常重要，更重要的是，我们究竟需要什么特质，以及除了特质以外，我们还需要得到什么？

第一个问题，我们来聚焦一下特质的范围，是性格特质、能力特质、心理特质，还是指品格特质？这几个方面似乎都非常重要，究竟哪一个对工作结果影响更大，却又难以区分。第二个问题更为深刻，我们究竟是需要开发和使用各种工具，去找寻人身上是否具备这些特质，还是在茫茫人海中选择具有（或可能具有）这些特质的人？到底是找特质还是找人？

找特质的话，也许我们从某人身上可以找到我们希望找到的特质，但也有可能他虽具有、但并非他本人最突出的特点，我们辛辛苦苦挖掘出了他身上"平庸的地方"。就像我们使劲地考查学生的数学能力，得出一个他数学能力也还不错的结果，然后我们就把他往数学工作领域里匹配。我们用一个数学的套子，塞进了形形色色的学生，但实际上他们最喜欢和最擅长的学科是语文。

找人的话，人才管理的重点则变成了"人才挑选"。一是在漫漫人生中，基于一个时点进行人才挑选不免有些短视；二是以挑选为重

点的人才工作实则偏离了人才发展的本心。好比我们认真地挑选出一群智力超常的学生，着力培养其数学能力，我们可以预料到这些高资质学生大多可以获得高水平的成绩。但教育的初衷和重点本不应该是"择优掐尖"，而是"普惠发展"。

陷入这个哲学层面的迷思，我们就深陷选择的泥潭了。活在当下最好的办法是以实用主义为前提，根据目标来反推建模的技术路线。以表 2-11 为例，如果是进行管培生选拔、干部储备、后备人才培养等，这些场景重点在于"选对人"，那么就按照找人的技术路线搭建 K3 关键特质维度。如果应用场景指向"干成事"，那么就根据任务所对应的能力要求来进行人岗适配或能力培养。

与 K1 和 K2 不同的是，K3 关键特质是指向人的底层心理特征的。相对表层的、显性的行为来说，底层的心理特征是人们在早年形成的，由基因、环境共同构成的气质类型、情绪模式和个体的偏好及行为的倾向性。

表 2-11 两种流派的建模方法对比

分析 流派	优势	不足
素质流派 "强调做人"	能够通过鲜明的心理测量对人进行评鉴与区分；对任职者的优劣与培养具有科学意义；注重对行为风格的表达	表达方式不够贴近业务特征；HR 较为熟悉，业务部门对此认知不一；类似"好人模型"
能力流派 "强调做事"	与业务贴合较为紧密；对于任职者的工作指引作用较为明确；注重对业务技能的表达	对人性的捕捉不足；在选拔、预测等重要人事决策面前缺乏说服力；类似"招聘模型"

在早先的能力素质建模中，常用级别来表示能力程度。比如战略执行力一级、二级、三级，这种方式目前已经淘汰，因为这种主观

的、定性的描述方式很难操作，也无法与培养发展等其他人力资源模块进行对接。

如果我们想知道一个人是否善良，这种道德层面的指标仅从他的谈吐和表态上根本无从辨别。我们唯一能够真实地捕捉到的信息就是他的行为。在当今的科技水平下，我们唯有通过对行为的定义和比对，才能判断其是否善良。首先，我们要定义在特定的组织情境下，什么叫做善良：心地美好、纯真温厚，和善而没有恶意，做任何事情的出发点是有益于集体利益的，不会因个人得失而损失组织和他人等。然后我们需要界定能够体现出一个人是否心地善良的关键行为。

（1）正直诚信：能够践行公司的使命并坚守价值观，履行自己的承诺和达成的协议；勇于承认错误，不怕可能存在的负面后果。

（2）与人为善：在职责内外主动地为他人提供帮助和支持，促进更好的结果达成。

（3）大局为先：在责任面前勇于担当、率先垂范，面对矛盾冲突时能够以身作则地将公司利益放在首位，通过沟通影响等一系列措施实现组织利益最大化的效果。

有了这样的行为描述，我们就可以根据受测者所出现的行为情况来判断他满足"善良"的行为标准的程度，是三条全部满足，还是只满足其中的一两项，并根据每个行为点予以评分和计分。这些能力素质的维度可以鲜活生动地将"适合和热爱"这件事情的人进行画像，形成一个栩栩如生的轮廓形象，然后去洞察受测者的真实情况。

诚然，性格很难改变和培养，但是能力和行为都可以在后天加以塑造和提升。在许多常见的情况下，人们往往有一些传统的认识，例如性格内向的人不适合做销售工作。如果我们将销售能力素质进行建模的话，那些性格内向的人就会被排除在外，因为我们无法改变他们的性格。如果某类产品的销售模式（比如对个人的产品、冲动消费型的产品等）在实际运作中外向性格人的销售表现确实更胜一筹，那么我们提升全体销售队伍的销售能力的方式是解析这些外向性格人的行为及销售话术有哪些，让各种性格的人都能够按照有效的话术施展这些行为动作，以提升整个销售团队的胜任力。

（一）能力素质模型的四种基本撰写风格

以"团队管理"相关的能力素质为例，有以下四种基本的撰写风格。

样例1：行为递进式（已淘汰）的"团队管理"分级描述，根据行为等级水平进行能力判断。

- 1级：能够理解从个人贡献者向管理团队转型的关键，对团队目标进行整合，关心和支持团队成员。
- 2级：具有良好的团队管理技能，以沟通辅导、换位思考、目标分解等有效的管理手段进行团队管理。
- 3级：……

样例2：平行关键点式的"团队管理能力"行为描述，根据行为条目出现的饱满程度对每条关键点进行计分和评分。

- 目标分解：根据战略目标及业务目标对团队整体目标进行澄清和宣贯，并将目标点对点地分解到人、落实到日常工作行为的管理当中。
- 沟通反馈：保持与团队开放紧密的沟通，并对下属的行为表现、绩效成绩进行沟通、反馈和辅导，对有需要的成员进行帮扶，促进其成长。

- 培养下属：……

样例3：挑战任务式的"团队塑造能力"行为描述，根据行为条目出现的饱满程度对每条关键点进行计分和评分。

- 重塑核心能力：（萃取挑战）基于新战略目标对传统团队的核心能力进行优化与重塑，（目标与效果）使团队能力与业务要求保持高度匹配。
- 重构多元团队（萃取挑战）对跨专业、跨业务、跨文化且大量内外交织的团队进行复合实力的打造，（目标与效果）突破单一能力的壁垒，实现团队整体实力的聚合。
- 引领团队转型：……

样例4：挑战场景式的"团队整合能力"行为描述，根据行为条目出现的饱满程度对每条关键点进行计分和评分。

- 挑战1：产品转型后的团队能力再造。对现有品类进行突破性的改良与创新，在保持高品质的情况下进行成本优化；通过对团队使命与愿景的激发，保持团队价值观高度一致。
- 挑战2：再度提高产品市场占有率的团队能力优化。持续保持产品的高度活力与市场占有率，保持爆款产品的霸主地位。塑造对核心团队人才的多样性包容尊重的机制，快速吸纳竞品的亮点并形成团队自身的技术实力。
- 挑战3：……

在这4个样例中，后面3个样例都是按照行为条目出现多少来计分的。比如1项能力素质下有5条行为分解，满分为5分；通过评价中心的各种测评手段来进行观察和交叉验证，受测者每出现1条打1

分。到目前为止，这种方式是我们通过大量的研究和实践发现的最好用的办法。

在那些我们连续服务超过五年的大客户中，我们做过许多方法的论证和效果检验。当我们尽可能地贴近业务的场景完成撰写行为描述，并将统一的标准向外部测评师和企业内部的业务领导进行技术转移培训后，由测评师和业务领导分别对候选人进行评价打分。我们发现，当标准清晰、行为描绘到位时，假如每条能力素质项的满分为10分，这两组评委分别打分的差异在1分左右，通过交叉验证完全可以达到令人满意的、公平客观的评价效果。

（二）建模案例：萃取业务挑战，为关键岗位进行能力画像

D科技集团是一家行业领先的世界知名上市公司，近年正在进行大规模的战略和组织转型。原来的组织架构是以各产品线来划分事业单元，转型后的组织将根据前、中、后台来重新定义价值链。在这种巨大的转型背景下，原有的管理者已经习惯了原来的管理模式，对此前的管理体系依赖较高。现在需要在数十万的员工中重新选拔和培养能够适应未来的新管理者和事业带头人。

我们深知这个项目责任重大，万一选错人、用错人，对企业将会造成不可估量的损失。同时我们也意识到原有的任职资格和能力模型是基于在以往管理模式和业务特点下的标准建设的，这个标准并不能支撑未来的战略目标。因此，对于事业部总经理这个层级，我们重新进行了角色画像。

第一步：提炼战略转型新挑战，形成组织能力画像，如表2-12所示。

表 2-12 战略转型时期的组织能力画像

战略转型挑战	形成以客户为导向的前、中、后台运营机制	聚焦业务方向	设计战略实施路径	攻克政企关键客户，形成行业影响力	打造敢打硬仗、能打胜仗、文化统一的前台队伍
关键成就	年度营业收入、年度营业收入增长率、负责产品的市场占有率	年度营业收入、年度营业收入增长率、负责产品的市场占有率	年度营业收入增长率、年度营业收入毛利率	年度营业收入增长率、销售人均效能（营业收入或销售人数）、年度营业收入	年度营业收入、年度营业收入增长率、销售人均效能（营业收入或销售人数）
关键历练	攻克重点客户，创建新型的组织运作（协作）模式，全新业务领域开拓	已有业务开辟、培养新增长点，攻克重点客户，拥有销售团队管理经验	全新业务领域开拓，主责战队或区域及以上战略制定与拆解，已有业务开辟、培养新增长点	攻克重点客户，主责品牌战略的制定与落地，拥有销售团队管理经验	组建业务团队，销售团队管理经验，建立与管理核心人才团队
关键特质	服务客户 商业思维 追求卓越	需求洞察 全局视野 商业思维	战略前瞻 全局视野 需求洞察	需求洞察 坚持制胜 商业思维	协同合作 信任授权 引领团队

第二步：根据新的战略场景构建领导力特质画像，如表 2-13 所示。

表 2-13 战略转型时期的领导力特质画像节选

战略转型挑战	场景	构面	行为描述
坚定 D 集团健康事业发展目标，在确保全员目标一致的基础上，营造开放包容的组织环境，整合各领域专家的意见和声音，达成对于发展路径的一致认知	对于事业达成路径认识不一致	开放包容	包容人才的多样性（如不同文化背景），尊重并认可不同人才的专业能力和经验优势，以开放的心态听取团队的不同意见并融合双方观点，实现团队对于战略达成路径的一致认知
		深度交流	……
		追求完美	……

续表

战略转型挑战	场景	构面	行为描述
借鉴D集团及国内外优质医疗机构的运营经验，积极创新突破，打造"以人为中心"的新型医院运营模式，降低运营成本，提高运营效率，缩短医院的发展周期（爬坡期）	传统医院爬坡期长，运营模式不统一	战略前瞻	能够以经营者的视角看待事业运营，洞悉医疗行业前沿趋势与市场环境变化，平衡当下与未来的成本和收益，锚定现有事业运营的待优化之处和优化方向
		发起变革	……
		反思总结	……
为打造基于人才的核心能力，将人才的外部引入与内部培养结合，全面搭建有经营意识的医疗专业人才及医工融合的复合型人才两类人才队伍	初入医疗行业，为打造组织核心能力提供基础	学习跨越	不满足于自身过往的知识和行业认知积累，积极关注医疗领域的重大问题与各类信息，主动学习行业相关知识，了解业内人员的问题解决方式和管理思路，融会贯通，实现与专业人才的平等对话
		凝聚团队	……
		激发价值	……

第三步：对评价中心进行设计开发，实施人才评鉴。

从表2-13中我们可以看出，K4关键特质并非基于"绩优样本"访谈而提炼出来的，因为过往的绩优人员并不能证明其自身的能力符合未来的战略需要。我们首先要进行战略解码，提取出组织能力、管理者所需要面对的挑战有哪些，然后从K1关键成就、K2关键历练到K3关键特质进行层层梳理和分解，形成组织重要岗位的能力库。然后，我们再对关键特质进行具体的定义和阐释，形成行为描述。

根据全新的角色画像，我们有三个实操性的动作来进行战略人才的配置和继任。一是明确继任范围和干部标准：以一级部门负责人为基本单位进行继任计划的打造。二是明确继任梯队的分层分类，形成 Ready Now 的第一梯队、One Job Away 的第二梯队和 Two Job Away 的第三梯队。三是针对单位候选人各项 K 值的现实情况单独设计培养方案，制定"训战结合"的全方位能力发展体系。

K3 关键特质是用于"找对人"的，找到那些真正具有实力和潜力、热爱并能够坚持的人们。也许这样的人才是可遇不可求的，我们在茫茫人海中不一定获取足够数量的候选人。但是作为一个组织、一个商业有机体，每个组织拥有自己独特的使命、目标和方向，我们通过萃取挑战并分解到组织能力当中，至少可以明确地知道谁距离哪个目标更近，以及其他人在行为方面做出怎样的调整，才能够更高效地向战略目标靠拢。

七、"走对路"——K4 关键路径培养体系：以考促学、以训促能的组织赋能系统

如果我们在高考中希望获得更好的成绩，我们应当知道自己各科的成绩水平。语文弱的重点提升语文，数学低的加强数学辅导。4K 角色管理正是将具体的能力维度进行拆解，它可以清晰地反馈每个人各项科目的真实情况，是技能不够还是经验不足，是缺乏历练还是行为未到位。

目前，建立以课程为核心的培训体系是许多企业主流的培养方式，如营销渠道开发课程、产品设计课程、质量优化课程等。通过这些课程可以将许多信息输送给学员，但每个人的消化吸收和运用的程度，就因人而异了。如果我们站在教育的视角来看这个问题，教书和育人这两个环节同样重要，而育人一定是个性化的、因材施教的方

式，尊重个体差异，建立以人为中心的发展理念。

中国的企业培训市场非常广阔，各种流派五花八门。这些年我们时常听到许多创新的模式，如行动学习、教练技术、翻转课堂等，还有基于经济结构的变化而新开发的许多课程体系，如商业画布、创新者的思维等。在组织内部，培训经费和学员的时间都是相当宝贵的稀缺资源，企业投入这些资源，则一定会对培训效果产生很高的预期。管理者需要的不是课程本身，而一套行之有效的、全面系统的能力提升方案，培训效果最终体现在实现更大的业务结果中，然而任何一个门类的课程都不能满足这个目标。

培训经理也很苦恼：如果生源（学员）不行的话，责怪老师也没有用；或者是已经请到知名的教授，但授课内容与企业实际问题仍有较大的差异性。混合式学习的方式能够通过更加丰富和多样化的方式去加工人才，但我们需要明确混合什么、怎么混合，以及混合后会产生什么样的效果。

"训战结合"是最近几年比较新的混合式学习方式，在一些企业里得到了良好的应用和实践。在这个系统中，我们设计直接影响整体能力提升的培养方式，通过对K4关键路径的设计，帮助受训者走捷径、弯道超车般地提升能力。

以表2-14为例，某房产经纪公司的4K训战培养体系如下。

表2-14 4K角色画像及培养体系整体框架（节选）

一级维度	二级维度	主体内容	具体内容	培养方式
K1 关键成就	基础知识	专业基础知识	房地产经纪服务	必修必考
			房地产交易服务	
			……	

续表

一级维度	二级维度	主体内容	具体内容	培养方式
K1 关键成就	基础知识	商务交往知识	沟通谈判技巧	必修必考
			营销心理学	
			……	
		专业拓展知识	本板块社区商圈知识	
			同性价比其他板块相关知识	
			……	
	相关知识	商务交往知识	商务礼仪	选修课
		跨行业知识	金融理财知识	
			……	
	关键业绩	业绩排名前××（大区、事业部、公司均可）	硬指标	"师带徒"带教考核
		×××500分以上	综合素质	
		老客户转介绍率：××以上	个人品牌	
		商机转化得分＞××分	进客相关	
		个人市占率≥××	守房相关	
		VIP占比≥××	VIP相关	
		C2B评价分≥××分	带看及评价	
K2 关键历练	业务成长	长期经营	服务本商圈超过2年且维护成功签署并出售不少于5套VIP房源	角色模拟 行动学习 一对一反馈
		复杂业务	……	
		改变决策	……	
		……		
	角色突破	新人带教	……	
		社区公益	……	
		创新创造	……	
	攻坚克难	瓶颈期突破	……	
		投诉处理	……	

续表

一级维度	二级维度	主体内容	具体内容	培养方式
K3 关键特质	高推动力	追求满意	……	"师带徒"行为演练反馈复盘
		方案设计	……	
		……		
	高理解力	人际理解	……	
		换位思考	……	
		……		
	高成长力	自我认知	……	
		学习意识	……	
		……		

从表 2-14 可以看出，一个完整的 4K 角色管理系统，在从"会做事""做对事"到"找对人"的环节中，人才标准的设计到培养体系的构建的全链条是如何进行结构分解和培养实施的。尤其是面对大型组织而言，HR 的工作除了对头部人才做好激励与保留并进行聚焦以外，如何管理好大量的普通员工、全面推动组织基础的人才能力得以系统性地升级，更是日常的工作重点和专业价值的体现。

有了表 2-14 所示的完整体系后，还需要对重点任务、专项任务进行全员系统性的能力提升。4K 系统中对业务挑战和关键历练的萃取提炼，能够形成真实生动的内部案例。以表 2-15 为例，培训经理组织业务专家对案例进行拆解，形成工作流程或话术，对有效的工作方法进行训练和推广，这就直接实现了"走对路""走捷径"的人才培养模式。

表 2-15 重点业务解决方案培训——购房解决方案（节选）

模块名称	模块内容	业务技巧	清单	话术
客户情况分析	1. 购房资质确认 2. 客户付款方式确认 3. 客户决策人确认	1.1 信息收集铺垫：首次接到客户后，先聊购房需求，向客户介绍目前的上海购房政策，在聊天过程中先引入一些曾经遇到的限购案例，为接下来询问资质情况进行铺垫，并且在合适的时机准备官方性质的购房资质以及付款方式信息，以官方的角度去收集缴纳情况，提升客户接受度 1.2 社保缴纳情况确认 2.1 业主角度引出 3.1 语言交流判断 3.2 主动邀请家人 ……	1.2 确认要点：可询问婚姻状况、本人及父母名下房产情况等	1.1 找到合适的话题引人…… 3.1 "您是自己决定呢，还是要和家里商量一下？" 3.2 主动邀请客户家人："买房子是件大事，如果您方便的话，可以邀请家人一起来看房，共同判断一下哪一套合适。"
需求挖掘	1. 核心需求判定（学区、改善、投资、刚需） 2. 显性需求收集（户型、面积、楼层等物理信息） 3. 隐性需求挖掘（心理需求＞物理信息）	1.1 初次询问 1.2 客户特征分析 2.1 微聊房源及 App 分析 2.2 客户提问判断 3.1 把握多个需求 3.2 耐心化解偏见 ……	首套与否、预算、户型、出行方式、是否有孩子、孩子年龄、学区等	1.1 如果客户比较抗拒给出信息，需要申明…… 3.2 消除客户误区："可能一些信息对您产生了误导，其实我遇到过很多次这种情况，实际上这种情况是……"

续表

模块名称	模块内容	业务技巧	清单	话术
房源匹配	围绕客户需求，有策略地筛选出优质房源信息	1. 初步匹配丰富的房源 2. "以客找房"与"以房找客" 3. 线上VR实时带看 ……	……	—
带客看房（需求再次挖掘）	在保证带看服务品质的基础上，着重于再次确认客户需求	1. 带看前 2. 带看中 3. 带看后 ……	……	1. "这套房子某些方面适合您，而在某些方面不适合，您认为呢？" ……
签后服务	跟进后续流程，明确服务态度	1. 跟进交易流程 2. 梳理交易材料 3. 交易全程到场 4. 处理交房事项 ……	……	

| 第三章 |

将人才理念充分渗透到组织的末梢——任职资格评定和人才评聘落位

一、人才评价中心的功能和定位

随着人力资源三支柱体系的日趋完善，人才评价中心的建设也日渐成熟。不同的组织的人才评价中心在功能上有相似之处，而在组织形式和定位方面则多种多样。

从人才评价中心的组织形式来看，人才评价中心是虚拟中心还是实体中心，这种存在方式差异较大。虚拟的人才评价中心并不是一个真正的部门，而是通过一系列的人才管理的政策、机制、流程、工具等，在需要进行人才评鉴或能力评审时组织相关评委开展活动，这类"中心"比较侧重于测评工具、题型题库和流程制度的积累和建设，逐渐形成一套实用的人才管理办法。也有些企业已经建立了实体的人才评价中心，在组织架构中明确这个部门的存在和汇报关系，并有实际的岗位编制和人员来运行这个部门的工作。实体的评价中心往往会培养内部测评师，内部测评师经过考核认证后持证上岗，其工作是对企业的各级人才进行常态化的评审管理等工作。

从人才评价中心的定位来看，一些组织将其与企业大学或培训部门进行紧密结合，把人才评价和培养作为一个整体的定位进行安排。一些组织将其与招聘部门或干部管理部门进行整合，对人才从入口到出口的流程进行各个节点的把握。在内部核算体系中，有些企业大学是独立核算的机构，企业大学本身是作为利润中心的方式进行管理的，企业大学中的人才评价中心功能也同样作为利润中心的组成部门为业务部门提供服务。另外有些人才评价中心及其相关的机构是企业的成本中心，人才评价活动以专业职能的方式开展工作。

智力密集型的大型组织对人才评价中心的建设往往比较重视，如银行和金融机构等。这些行业员工数量规模庞大且基于风控合规等需要对人才的内部调整较为频繁，这些组织的业务特点导致其对人才管理、人才配置和用人风险等方面的需求很高，人力资源部门必须准确而快速地响应一拨又一拨的人才调配的需求，以保证人力资源供应对业务工作的有力支撑。

人才评价中心在业务形态比较复杂和多元化的企业也具有独特的管理风格。管理者需要有一套能够跳出本专业和自己熟悉的领域的视角，来客观地选用人才。如何挑选和建设潜力高的、学习能力强的、组织忠诚度高的员工队伍，是所有管理者对人才评价系统的高度预期。同时，人才评价系统还承载着对企业文化进行传承的任务，需要通过科学的机制和手段将"能打胜仗、作风优良"的人才进行准确的选拔和培养。

人才评价中心在中国的企业中出现较晚，无论是组织形式还是职能定位方面均处于探索期。尽管这套系统还非常不成熟，很多中心也尚未达到组织的预期，但我们可以积极地发现这些探索对于建设以人为本的组织和更好地发挥人力资本的价值方面，这一小步的尝试促进了人力资源管理的意识形态方面的一个大大的进步。

二、任职资格评定的四种主要方法：审、考、评、测

4K角色管理像体检一样拥有更为丰富的时间管理的内涵，它既可以认定受测者当下的任职能力，也可以预测其未来的发展潜力。在体检活动中，医生会采用多种检测方式来明确你身体的现状，同时一些高科技的精密筛查也可以预测你未来可能存在的风险，并提出健康管理的专业意见。

审：审查，可量化程度高。通过审核和调查的方式对情况的属实性进行核准，大多应用于资格、资历、学历、职称、过往绩效、背景信息等方面的维度，这类维度是已经拥有的、明确的职业资格准备，在审查时已经发生或完成。这项工作通常是由人力资源部门来完成，主要指向关键成就K1和关键历练K2中的维度。

考：考试，可量化程度较高。通过考试、考核的方式对知识水平进行鉴定，检查知识技能的储备。在任职资格的应用实践当中，考试内容的范畴一类侧重于对"应知应会"方面的考核，如公司规章制度、操作规范、业务知识、业务流程等，这些内容是工作必备的常识及准则。另一类侧重于专业能力水平的区分，例如某个领域的行业知识、某类专业的知识积累、对某些问题的分析或见解等，这些内容可以区分初、中、高级不同层级工作要求和任职条件的信息储备与加工运用水平。相比之下，前者的出题和评分方式相对清晰和明确；后者则需要具有非常高的专业水平的专家们共同形成知识库，并完成组卷、阅卷等操作事项。在关键成就K1中往往会设定知识技能的子维度，这类维度需由业务专家在一定的框架下，高度参与完成审定。

评：评估，带有一定的主观性。评估是评价、估量的意思，对于

工作过程类的行为、方法、态度等无法量化的信息，在采用统一规范的评估方式下进行判断，招聘中的半结构化面试、无领导小组讨论等，都属于这类评估活动。对于工作成果与效果类的信息有时也需要采用评估的方法，尤其是那些无法仅用数据指标来反映的、具有更高更深的工作性质的工作内容，也需要采取专家或领导评估的方式来进行主观判断。关键成就 K1 中的部分业绩、成绩、成就类指标，以及关键特质 K3 中的领导力、能力、潜力类指标，都可采用评估的方式来进行。评估活动的准确与成功离不开评委自身的水平和评估活动流程方法的规范，业务领导、人力资源专家和咨询顾问等第三方机构均可作为评委成员，尽量采用统一的评估规则来减少个人判断的主观性。

测：测量、预测，带有少量的主观性。测量本身是客观的，是按照某种规律，用数据来描述观察到的现象，即对事物做出量化描述。人事测量则是依托于心理测量（Psychometrics）的学科背景，对人的个体心理差异的测量或诊断。心理测量是通过人的行为表现对他的某种心理特征做出数量化的解释。任何一种心理属性在数量变化上都可构成一个连续统，如记忆力的强弱、运算速度的快慢、性格从极端内向到极端外向的变化等都各自成为一条连续统，测量的结果就是确定一个人的某种心理特征在相应的连续统上的相对位置。这些心理特征与工作行为和成果息息相关，但目前的心理学的科学水平虽不能完全准确地测量出这些内在的、隐形的特征，但仍然可以通过评价中心技术（Assessment Centers，ACs）来实现相对量化的测量结果。

严格来讲评价中心是一种程序而不是一种具体的方法；是组织选拔管理人员的一项人事评价过程，不是空间场所、地点。它由多个评价人员，针对特定的目的与标准，使用多种主客观人事评价方法，对被试者的各种能力进行评价，为组织选拔、提升、鉴别、发展和训练个人服务。评价中心的最大特点是注重情景模拟，将各种不同的素质测评方法相互结合，通过创设一种逼真的模拟管理系统和工作场景，将被试者纳入该环境系统，使其完成该系统环境下对应的各种工作。在这个过程中，主试者采用多种测评技术和方法，观察和分析被试者在模拟的各种情境压力下的心理、行为、表现及工作绩效，以测量评价被试者的管理能力和潜能等素质。

相比审、考、评这三种方式而言，测量在预测性方面的功能更强。在测量环境的设置中，我们既可以模拟当下的工作场景（工作还原法），也可以设定未来的工作场景（战略预测法）；通过动态的方式模拟实际管理工作中瞬息万变的情况，要求被试者在动态环境中充分展示自己的能力和素质。评价中心具有识才于未显之时的功能，模拟的工作环境为尚未进入这一层次的人员提供了一个发挥其才能与潜力的机会，对于测评人员的素质和能力具有一定的预测作用。同时，测评中心集测评与培训功能于一体，为准确预测被试者的发展前途，并有重点地进行培养训练提供了较为有效的手段和途径。例如，在某次大区总经理的选拔活动当中，有位候选人主动退出了测评现场。他说，在总经理应当具备的各项能力中，他意识到自己在高管的财务管控能力方面准备不足，他决定学习半年后以更扎实和全面的积累再参加下次竞选。

值得注意的是，审、考、评、测与4K并不是一一对应的，我们不能说哪个关键维度必须采用哪种评定方法，但是我们可以充分考量到测评内容的特点，以及专业资源（如评委、测评工具等）的现实情况，加以灵活、便捷地应用。

三、计分逻辑和呈现形式

任职资格的维度内容就像考卷，光有卷面和题目还不够，还需要结合各类题目题型的特点来选择计分方式。比如有些题目适合用选择题，有些适合用判断题，也有些适合采用论述式才能判断出其专业水平。

任职资格管理的目的有两个，从狭义层面来说，任职资格体系可以将组织能力显性化，并通过体系对人才现状进行导入、诊断和区分等；从广义的层面来说，任职资格体系作为专业中轴打通人力资源各专业模块，最终推动组织效能持续提升。因此，我们在设定计分逻辑时，首先需要以终为始地明确各项维度在本组织中的功能是什么，是用于优胜劣汰，还是用于引领技能提升。

对各维度赋予权重是最主要的计分方法，但如果只采用这一种方法，则会导致一些人在局部分数上过高或过低，出现总分不合理的现象。因此我们还需要辅以其他的计分办法，使整个卷面的结构达到平衡、各项维度的得分合理。

首先，我们需要确定哪些项目是门槛条件，即未达到这个条件则不能晋升的情况。比如，有些企业对晋升到高管或班子成员的必要条件是大学本科学历，没有这个条件则没有申报资格；有些企业对于财务部门的经理要求必须具备中级以上专业职称，否则无法晋升到中层正职等。这些要求就属于门槛性要求，必须达到才能有下一步操作的可能性。但也有些企业对这类经理人的要求并非绝对的先决条件，他们允许那些精通业务，但缺乏外部证书的候选人有机会充分发挥实战经验。

满足任职资格基本条件（即门槛项）后，通常有积分项、加分项、否决项等方式对整体分数进行设计和平衡。积分项是根据维度的要求进行分数的累计，比如知识技能中达到某个级别的要求，可以累计一定的分数。加分项会用于额外地掌握一些相关的才能，对基础的项目是个有益的补充，例如企业信息化部门的 IT 工程师学习了项目管理和财务知识，以便更好地设计和运行业财一体化的软件，这些证书就可以作为加分项目，这些项目对于更好地完成本职工作是有益的补充。加分项要注意是否需要进行封顶设计，因为我们并不希望由于存在这些加分条件，使得这些专业人员将额外考证作为晋升的主要方式，从而忽略了工作本身最基本和最必要的条件。

否决项指向那些不能容忍的情形。尤其是对于其他维度中已经获得一定的分数，甚至已经满足晋升及格线的候选人来说，如果由于否决条件的出现而不能通过评审，那么一定是非常重大的问题。尽管许多企业会将文化价值观一类看似务虚的维度作为否决项的设计，但这恰恰从务实的层面清晰有力地传达了自身的价值主张——我们不能接受、不能允许、不能容忍的是什么。

以表 3-1 为例，某企业区域总经理的任职资格计分方式，用基本条件作为门槛条件，其中大多数维度通过权重的方式得分，职业资格作为加分项且进行封顶处理，价值观认同这项维度作为否决项处理。参评员工达到门槛条件后进行各项分数的累计，对于得分高于本职级标准的可以"跨栏"式发展，即再向上一个职级进行申报。

表 3-1 任职资格各维度计分方式

一级维度	二级维度	计分方式	权重	数据来源
基本条件	教育背景	门槛要求	—	人力资源部
	外语条件	门槛要求	—	人力资源部
	工作经验	门槛要求	—	人力资源部
	专业职称	加分项（封顶）	—	人力资源部

续表

一级维度	二级维度	计分方式	权重	数据来源
K1 关键成就	三年绩效累计	积分项（权重）	40%	人力资源部
	业务知识与技能	积分项（权重）	20%	专业评委会
K2 关键历练	项目经验	积分项（权重）	10%	专业评委会
	管理经验	积分项（权重）	10%	班子成员
	重大问题处理经验	积分项（权重）	10%	班子成员
K3 关键特质	领导力特质	积分项（权重）	10%	咨询公司
否决条件	价值观认同	否决条件	—	班子成员
	遵纪守法	否决条件	—	班子成员

四、任职资格评聘实施——对号入座、引导落位

任职资格体系在设计完成后，需要通过一系列的评聘落位手段将人才进行"对号入座"，并根据人才的能力变化对职位职级进行动态调整。

定级落位和调级落位是最常见的应用时机。定级落位一般发生在员工入职、定薪等情形下，根据员工的能力经验等确定其相应的职级。调级落位大多出现在晋升、调动等发生工作变化的情况下，根据其任职能力进行职级的调整。在任职资格体系不完善时，由于缺乏统一的标准，往往会出现各部门业务领导对其下属员工的能力水平的评价带有较多的主观色彩的情况，管理尺度也不尽相同，在定级和调级方面有的部门会比较严谨，有的部门则会比较宽松。通过统一的任职资格标准，并辅以职数管理、职位序列各级人数比例分布管理等措施，可以公平地解决这些问题，并保持职位序列结构的合理性。

那些在任职资格应用实践方面做得比较好的组织，一般会有一个

委员会形式的虚拟组织长期存在。委员会的评委由各专业专家共同构成，对任职资格的标准进行不断修订，并根据统一的规则对需要定级和调级的人员进行打分。在这个过程中，人力资源部门的角色是组织者，评委会的角色像是陪审团。人才盘点会、人才共识会、能力校准工作坊等组织形式有利于规范地、结构化和高效率地组织评委共同实施评审。往往这个过程越是开放，则越会为员工带来更多的公平感。

需要注意的是，如果不能定期对组织整体的人才结构进行诊断和审查，几年之后可能会出现"水涨船高"的现象。任职资格在最低的基础阶段向中级阶段晋升时相对容易，年轻的员工通过经验的积累在前几年会产生较为明显的变化，他们中的大部分在几年之内会由职级的底端向中部迈进。如果没有中长期的人力资源战略规划，会出现在一定的时间点上出现某个职级冗余的情况，比如职级中段的某几个级别人数过多，而这些人再往更高的职级上晋升的可能性并不大。久而久之，我们可以想象到职位通道中的一个位置出现了"拥堵"的情况时，一是会造成人力成本的虚高，二是会造成人员流失，三是会在堵点位置重新出现无法区分能力、内部公平性不足等问题。

| 第四章 |

建章立制和运行实施——任职资格体系的场景化应用

一、配套制度有哪些，怎么建，怎么用

各项人才管理的专业动作均是过程，正式成文发布的制度才是普及整个组织的公开文件。各级员工或许无法得知这些专业过程有多么复杂、多么精细和多么用心，但他们一定会逐字逐句地推敲制度文件，以寻求自己职业生涯的机会和方向。

与职位职级和任职资格有关的制度形式繁多，呈现方式非常多样化，有些与薪酬制度合并编写，有些作为一个单独的机制独立存在，也有些与异动或培训的内容相结合。无论这些制度以什么样的方式体现和存在，其主要内容都离不开以下几个部分。在本章中，我们节选了各行各业的部分制度内容，从不同的管理视角出发构建适合自身企业的制度与机制框架。

（一）制度总则、目的与原则的示例节选

1. 涉及全员的职位职级管理制度总则

第一条　为规范公司职务序列管理，建立健全多序列岗位管理体系，拓宽职业发展通道，结合公司实际，制定本办法。

第二条　本办法所指职务序列是指根据员工岗位工作性质和岗位职责进行的职务类别划分。职务序列结合公司业务发展需要进行设计，根据实际需要进行调整。

第三条　职务序列管理遵循科学分类、规范设置、管理有序、公开透明、公平公正的原则。

第四条　本办法适用于公司本部，各级权属投资类企业参照本制度结合实际自行制定相应管理制度。

2. 涉及部分员工的职位职级管理制度总则

第一条　建立本办法的目的

为加快青年人才培养进程，实施人才强企战略，结合人力资源发展规划和工作要点，以科学的人才观为指导，按照《省公司青年人才"百人计划"管理办法》的工作要求，制定本办法。

第二条　术语和定义

一、青年人才

青年人才指年龄在35周岁以下，具有一定的专业知识或专门技能，能够胜任岗位能力要求，进行创造性劳动并对企业发展做出贡献的人，是人力资源中能力和素质较高的青年员工。

二、青年人才培养的原则

青年人才培养应坚持以下原则：

（一）德才兼备，以德为先；

（二）立足当前，着眼长远；

（三）公平竞争，择优选拔；

（四）综合考评，全程跟踪；

（五）重在培养，动态调整。

第三条　青年人才培养组织机构

（一）公司成立青年人才培养领导小组（以下简称领导小组）。

领导小组由公司领导班子构成，由党委书记任组长，总经理任副组长。领导小组职责：

1. 讨论决定有关青年人才培养方案、专项奖励基金的确定等重大事项；

2. 对各部门的青年人才培养工作进行督导；

3. 对有关青年员工成长程度的考核测评的结果给予审核并提出建议；

4. 对青年人才培养的激励机制的落实给予审核；

5. 提出对培养负责人的考核意见和建议。

第四条　培养目标

通过加强重点青年人才的培养，改善队伍结构，使青年人才加快适应、早日成才，为公司的高质量发展和建设做出贡献。

具体目标有三个层次。

（一）第一层次培养目标：系统掌握本专业的理论知识，专业技术水平或者专业管理能力较强，系统性思维能力强，具备较强的技术开发和开拓创新能力，能够创造性地开展专业技术和管理工作，独立承担重点项目工作，解决一些关键和重大技术难题或者管理痛点，并逐步成为技术带头人或者中层管理后备人员。

（二）第二层次培养目标：掌握本专业的理论知识，专业技术水平或专业管理能力明显提升，能综合分析和解决一些专业技术难题和管理问题，提出切实可行的改善建议，具备一定的项目管理、技术创新能力和管理实践能力。

（三）第三层次培养目标：熟悉岗位业务知识和技能，熟练掌握通用岗位技能和前沿管理理论，具备坚强政治素质，能独立和高效地开展专业技术工作和管理工作。

第五条　分类培养

在集团在册青年员工中，结合岗位任职情况，从专业管理、生产技术技能、技术研发工艺三个工作领域中选拔青年人才进行分类重点培养。

3. 制度的目的与原则

（一）目的

建立员工职业发展通道，为企业人才发展打开空间，激励员工自我完善。

通过职业发展的任职资格标准提升员工职业化水平。

运用任职资格评价结果，为员工晋升、绩效管理、薪酬激励与培训开发等人力资源管理工作提供客观依据。

（二）原则

战略导向：依据公司战略、组织发展与员工核心能力构建的要求，划分职业发展通道，确定相应的任职资格标准。

能力牵引：任职资格标准的建立源于业务需求，既要符合公司实际，也要参考标杆做法，对员工起到牵引作用。

系统互动：依据任职资格认证评价结果，确定任职资格等级，任职资格等级调整与绩效考核、培训以及薪酬相互联动。

持续改进：任职资格管理体系的建立是不断调适与完善的过程，需根据公司的战略与业务发展变化及时改进，进行必要的动态调整。

(二)职位职级管理制度的示例节选

1. 职位职级体系的设计划分 1

第九条　职级

(一)以表 4-1 为例,各序列不同职务从低到高分为若干职级,职级是确定员工薪酬待遇的重要依据,职务职级对应关系如下。

表 4-1　某企业职级划分

职务层级	管理序列		业务序列	
	职务	职级	专业岗/投资岗	职级
高级	董事长、总经理	C1～C4	—	—
	副总经理（专业/投资）	E1～E4	董事总经理	E1～E4
	董事会秘书、总经理助理（专业/投资）	F1～F4	高级经理或执行董事	F1～F4
中级	部长,二级企业董事长、总经理	G1～G4	经理或投资总监	G1～G4
	副部长,二级企业副总经理	H1～H4	资深主管或资深投资主管	H1～H4
	二级公司总经理助理	I1～I4	—	—
初级	二级公司部长	J1～J4	高级主管或高级投资主管	J1～J4
	—	—	主管或投资主管	K1～K4
	—	—	助理或分析师	L1～L3

(二)新划转并入的权属企业管理职务对应关系另行研究;新成立企业的管理职务对应关系在成立时予以明确。

2. 职位职级体系的设计划分 2

第七条　职位职级体系

职位职级体系共分为"经营管理序列(M)""专业职能序列

(P)""技术研发序列（T）""市场营销序列（S）""生产序列（L）""辅助序列（A）"六大序列，每个序列划分为若干职级。

经营管理序列（M）：共分为三大职等，分别为高级管理（正、副、助理）、中级管理（正副级）、科室管理，每个大职等中包含若干小职级；经营管理序列包含行政管理职务的全部管理岗位。现阶段职级职等的划分如下。

- M6：高层正职
- M5：高层副职
- M4：高层助理
- M3：中层正职
- M2：中层副职
- M1：科室正职

专业职能序列（P）：共分为五大职等，每个大职等中包含若干小职级；专业职能序列包括职能管理部门和业务管理部门全部非领导岗位，以及共性技术部门中的职能管理类岗位（如数字化研究中心行政管理岗等）。现阶段职级职等的划分如下。

- P5：高级专家
- P4：专家
- P3：高级主管
- P2、P1：职员

技术研发序列（T）：共分为T1～T7七大职等，技术研发序列包括共性技术部门和经营单位的全部技术研发类工作岗位。现阶段职级职等的划分如下。

- T7：首席技术专家

- T6：技术专家
- T5：资深研究员
- T4：高级研究员
- T3：中级研究员
- T2：助理研究员
- T1：技术员

市场营销序列（S）：共分为三大职等，包括销售经理（S3）、销售代表（S2）、销售助理（S1），市场营销序列包含全部与销售直接相关的工作岗位。

生产序列（L）：共分为五大职等，包括制造专家（L5）、资深制造员（L4）、高级制造员（L3）、中级制造员（L2）和初级制造员（L1），生产序列包含所有与直接生产相关的工作岗位。

辅助序列（A）：共分为三大职等，包括高级辅助员（A3）、中级辅助员（A2）和辅助员（A1）。辅助序列包含全部与生产间接相关、生产辅助和后勤保障类的工作岗位。

当上述序列及职级划分无法满足未来发展需要及人才管理需求时，可进行增设或细分。

3. 任职资格标准构成

任职资格标准体系主要由绩效、专业经验、专业知识、专业能力、专业成果五部分组成。级别定义作为任职资格等级的注释，与任职资格标准一同列示。

级别定义：概括说明所在级别员工的关键职责与基本特点，便于区分各级别的任职资格要求。

绩效：人才选拔的分水岭，绩效考核结果排名满足相关要求的任职者，方具备申请认证的资格。

专业经验：主要关注任职者专业领域工作经验的积累，申请认证需达到一定门槛。

专业知识：主要关注任职者专业领域工作知识的掌握情况，需要任职者具有一定的储备。

专业能力：是判断任职者能否胜任岗位的参考依据，需要任职者达到一定要求。

专业成果：关注任职者对组织的贡献度，在评定中应有一定考量。

（三）管理序列的职务和职数制度的示例节选

1. 管理序列任职条件和晋升条件

第十三条　管理序列职务任职条件

（一）公司班子成员（职业经理人除外）任职条件按照集团公司要求执行。

（二）担任公司董事会秘书、总经理助理，一般应具有公司或同类型省属国有企业、大型知名企业中层正职或机关事业单位正科级2年以上工作经历。

（三）担任中层岗位人员，原则上按以下条件执行。

1. 担任中层正职应满足以下条件之一：

（1）应任公司高级主管及以上职务，全日制研究生毕业的应具有3年以上相关专业工作经历，全日制大学本科毕业的应具有6年以上相关专业工作经历。

（2）具有公司同类型省属国有企业、知名企业中层副职或机关事业单位副科级2年以上工作经历。

2. 担任中层副职应满足以下条件之一。

（1）应任公司高级主管及以上职务，全日制研究生毕业的应具有2年以上相应专业工作经历；全日制大学本科毕业的应具有5年以上相应专业工作经历。

（2）全日制研究生毕业的应具有公司同类型省属国有企业、知名企业相关岗位2年以上工作经历；全日制大学本科毕业的应具有公司同类型省属国有企业、知名企业相关岗位5年以上工作经历。

第十四条　晋升条件

(一) 职位晋升规则

1. 拟晋升为总部正职、总部副职的，按照《××集团二级机构领导人员管理办法》有关规定执行。

2. 拟晋升为部门经理的，按照《××集团公司总部部门经理级干部管理办法》有关规定执行。

(二) 职级晋升须满足以下条件

1. 职位为总部正职的，须在职级工作满3年，且晋升绩效积分不低于5分。

2. 职位为总部副职的，须在职级工作满2年，且晋升绩效积分不低于4分。

3. 职位为部门经理的，须在职级工作满2年，且晋升绩效积分不低于4分。

其中：个人年度绩效考核等级为"优秀"积3分；"良好+"积2分；"良好"积1分；"合格"不积分；个人年度绩效考核等级出现"不合格"的，积分清零；晋升到下一职级后，积分清零并重新累计，下同。

2. 管理序列职数管理

第十条 管理序列职数设置

（一）公司领导班子职数设置按照集团公司规定执行。董事会秘书、总经理助理职数由公司董事会研究确定。

（二）公司本部中层正职、中层副职职数实行总量控制。公司本部中层正职职数不超过部门设置数量。各部门根据工作需要可设1名中层副职。

（三）二级企业领导班子成员（董事长、总经理、副总经理）一般不超过3人（不含公司本部兼职人员），企业人员规模数量超过20人的，一般不超过4人（不含公司本部兼职人员）。

3. 管理序列职级晋升程序

管理序列职级晋升程序：

职位为"部门经理"的，由各总部在部门领导班子集体研究的基础上提出职级晋升初步名单，经人力资源总部（党组织组织部）审核，报集团主管人事工作领导和集团总经理、董事长审批。

职位为"总部正职""总部副职"的，由人力资源总部（党组织组织部）统筹研究提出职级晋升初步名单，报集团主管人事工作领导和集团总经理、董事长审批。

特别优秀或者工作特殊需要的干部，可以破格晋升或越级晋升等。

（一）管理序列的破格晋升或越级晋升遵循《××集团二级机构领导人员管理办法》以及《××集团公司总部部门经理级干部管理办法》的有关规定执行。

（二）专业序列破格晋升须从严掌握，不得连续破格；不得越职位晋升，不得连续越职级晋升。

（三）破格晋升或越级晋升的干部，应当德才兼备、能力素质突出、市场和职工认可度高，并且符合下列条件之一

1. 在关键时刻或者承担重大专项、重大改革等急难险重任务中表现突出、做出重大贡献；

2. 工作业绩特别显著。

按照集团培训管理规定，员工应积极参加各类培训学习，不断提高综合素质和工作能力，参加培训时数未达到考核标准的不得晋升。

管理序列职级晋升和专业序列职位职级晋升工作原则上每年进行一次。人力资源总部（党组组织部）视情况统一制定年度晋升工作方案，报集团主管人事工作领导审批后组织实施。

（四）非管理序列的职位与任职资格管理制度的示例节选

1. 专业岗位职数比例

第十一条 专业序列职数设置

1. 资深主管及以上职务的职数实行总量控制。其中，资深经理职数不超过公司本部总人数的3%，高级经理职数不超过公司本部总人数的6%，经理职数不超过公司本部总人数的10%，资深主管职数不超过公司本部总人数的15%。

2. 业务序列中，投资岗不设总量控制，符合条件的人员均可按规定程序晋升至更高职务。

2. 初中高级职数比例

1. 初级：无须评定，试用期通过后自动转为初级经理。

2. 中级：每年新晋级人数原则上不得超过当年符合中级经理资格条件且参评总人数的40%，且支持序列晋级人数占当年中级经理总晋级人数比例原则上不超过10%。

3. 高级：总人数原则上不超过中级经理总人数（不含当年拟评定人数）的40%，且每年新晋级人数原则上不得超过当年符合高级经理资格条件且参评总人数的50%，且支持序列晋级人数占当年高级经理总晋级人数比例原则上不超过10%。

4. 资深：从严从紧控制，总人数原则上不超过高级经理总人数（不含当年拟评定人数）的20%，且每年新晋级人数原则上不得超过当年符合资深经理资格条件且参评总人数的50%，由党委会审议确定。

5. 首席专家：属于专业引领型精英人才，为极少数，在符合评定资格条件下，由人力资源部推荐，直接提交党委会审议确定。

上述比例控制四舍五入，为对应专业级别的总人数限制，各专业序列每年的晋级比例由党委会结合当年参评人员综合成绩审议确定。

（五）职位职级的确定、聘期管理与职位职级转换示例节选

1. 新员工定级

第十六条　新招聘人员定级

（一）新招聘应届毕业生（含已参加工作但时间不满1年的员工）

大学本科毕业生确定为助理职务；双学士学位大学本科毕业生（指大学本科毕业获得第一个学士学位后，又攻读并获得列入国家第二个学士学位招生计划、学制为两年的第二学士学位的大学本科毕业

生)、研究生毕业取得硕士学位的，确定为主管职务；研究生毕业取得博士学位或取得双硕士学位的，确定为高级主管职务。

(二)社会招聘人员定级

1. 社会招聘人员定级，如表4-2所示，原则上应根据各职务任职要求，参考个人全日制最高学历、工作年限(按整年计算)、专业技术水平等因素，并比照公司同等条件人员，确定初始职务。

2. 社会招聘投资岗位人员，特别优秀的，可适当放宽工龄要求。

表4-2 某企业定级示例

任职条件 职务	大学 本科/年	硕士 研究生/年	博士 研究生/年	其他要求
资深经理	工龄>13	工龄>10	工龄>8	原则上应具有中级及以上职称、高级职业资格或国家注册执业资格，专业从业年限不少于8年
高级经理	工龄>11	工龄>8	工龄>6	原则上应具有中级及以上职称、中级职业资格或国家注册执业资格，专业从业年限不少于6年
经理	工龄>9	工龄>6	工龄>4	—
资深主管	工龄>7	工龄>4	工龄>2	
高级主管	工龄>5	工龄>2	工龄>0	
主管	工龄>3	工龄>0	—	
助理	工龄>0	—		

(三)初始定级

新就业毕业生从确定职务的初始职级起任；社会招聘人员确定为高级主管以下职务的按照工作年限确定到各职务对应职级，确定职务为高级主管及以上职务的，从确定职务的最低职级起任。

（四）其他定级

公司新聘契约化管理人员及职业经理人，按照与公司约定职务职级执行。

第十七条　职级调整

（一）在职务不变的情况下，员工根据年度考核等次进行职级调整，调整规则按照公司《绩效考核管理制度》执行。

（二）新录用员工入职当年试用期未满和试用期满转正时间不满半年的，不参加年度考核，次年不调整职级。

（三）员工通过职级晋升提任高一层级职务的，原则上从新任职务的最低职级起任，最低职级薪酬水平低于原职级薪酬水平的，按照就近就高原则，从高于原职级薪酬水平的职级起任。

（四）员工降职的，原则上从调整后职务的最高职级起任，最高职级薪酬水平高于原职级薪酬水平的，按照就近就低原则，从低于原职级薪酬水平的职级起任。

（五）员工因职务变动导致职级调整的，从职务变动的次月起执行新职级薪酬待遇，年内存在职务调整情形的，职级调整时间按《薪酬管理办法》有关规定执行。

第十八条　公司因工作需要对员工职务职级进行临时性、特殊调整的，按照公司决定执行。

第十九条　调整流程

（一）管理序列人员职务职级调整变动按照干部选拔任用相关规定执行。干部选拔任用制度另行制定。

（二）业务序列职务职级调整按以下流程办理。

综合部根据年度考核结果或竞争上岗结果，结合员工职务职级情况，在对员工任职资格进行审核、对职务设置情况进行分析的基础上，提出调整意见或实施方案提交公司总办会研究，其中，新入职人员调整意见应根据员工试用期工作表现情况确定。

2. 全体员工初始定级

（一）经营管理序列的初始职级确定

经营管理序列员工的岗位，遵照《××公司中层领导人员管理办法》的有关规定，由本单位通过岗位竞聘、干部选聘进行确定。

（二）非经营管理序列的初始职级确定

非经营管理序列员工的岗位，综合考量员工基本素质（学历、职称、工作年限）和工作复杂性（工作难度、强度、个人匹配度）以及岗位价值评估结果，划分至对应的职级中，确定"职级"起点。

（三）特殊情况的职级确定

为体现对人才的重视，本单位统一招聘的"管培生"、外部引进的重点人才或暂不符合岗位要求的高潜或储备人才，入职后先统一确定在所在序列的某个职位中［由人力资源部（党委组织部）根据年度招聘情况报院领导审批后确定］，待考察期/转正期后，进行正式职位评定，确定职级。

3. 聘期管理

第四章　聘期管理

第二十一条　总部部室员工专业级别在中级及以上的，统一纳入××人才培养工程，由人力资源部及专业部室协同进行专业能力提升培养。

第二十二条　聘期考核

聘任周期到期后，由人力资源部制定聘期考核方案，实施专业能力考评，并根据考评结果提出"继续聘任""不再续聘"或"评级下调"等意见。

第二十三条　动态管理

中级及以上专业级别实施动态调整机制，调整类型包括"下调级别""取消级别"两类。

（一）出现如下情形的，需下调级别。

1. 年度绩效考核为基本合格的。

2. 连续两个年度绩效考核排名均位于所在机构后三分之一（取整）的。

3. 员工行为出现违规违纪，受到本行行政记过处分或党内警告处分等的。

（二）出现如下情形的，需取消级别，退回至初级。

1. 年度绩效考核为不合格的。

2. 在专业岗位上出现重大差错或失误，被上级部门通报批评、严重影响本行声誉或造成本行重大损失的。

3. 员工行为出现严重违规违纪，受到本行记大过及以上行政处分，党内严重警告及以上党纪处分等的。

第二十四条　专业级别被下调的，调整后专业级别及以上专业级别年限全部清零，自调整后专业级别起开始重新计算专业工作年限。

第二十五条　专业级别被取消的，原中级及以上专业级别年限全部清零，且两年内不得参评中级。

4. 晋级与降级

原则上，职级晋升每年组织一次，根据晋升方式，不同职位员工的晋升包括自然晋升、选拔晋升、破格晋升三种方式，如表4-3所示。

各职级对应管理权限和晋升方式如下。

自然晋升是指员工在满足晋升条件下，按照规定程序晋升到高一级别的职位。

选拔晋升是指员工在满足晋升条件基础上，由于职位职数控制，需要通过公司选拔或内部竞聘方式晋升。

破格晋升是指员工为公司做出突出贡献或在某方面有突出能力表现等情况时，可突破晋升条件和职数控制等，经破格晋升程序晋升。

经营管理序列晋升按照干部管理相关办法执行。对于破格晋升的干部，应当德才兼备、能力素质突出、市场和职工认可度高，并且符合下列条件之一：在关键时刻或者承担重大专项、重大改革等急难险重任务中表现突出、做出重大贡献；工作业绩特别显著。

员工应积极参加各类培训学习，不断提高综合素质和工作能力，参加培训时数未达到考核标准的不得晋升。

第十四条　自然晋升流程

晋升启动：人力资源部（党委组织部）根据公司研究安排，发布晋升通知。

个人申报及部门初审：员工个人申报，各单位对拟晋升员工的专业任职资格进行初步审核及推荐。

资格确认：人力资源部（党委组织部）对员工任职资格进行形式审查，如不符合晋升条件需回复员工所属单位并说明原因（破格除外）。

某企业晋升方式示例如表4-3所示。

表 4-3　某企业晋升方式示例

| 经营管理序列 || 专业职能序列 || 技术研发序列 || 市场营销序列 || 生产序列 || 辅助序列 |
管理权限	晋升方式	管理权限	晋升方式	管理权限	晋升方式	管理权限	晋升方式	管理权限	晋升方式	管理权限	晋升方式
党委会	选拔+破格	高级专家		首席技术专家		销售经理	选拔+破格	制造专家	选拔+破格		
		专家	选拔+破格	技术专家	选拔+破格						
				资深研究员							
		高级主管		高级研究员	选拔	销售代表	选拔	资深制造员			
				中级研究员				高级制造员			
		职员	自然	助理研究员	自然	销售助理	自然	中级制造员	自然	各单位	自然
		各单位		技术员	各单位		各单位	制造员	各单位		

资格评定：任职资格管理委员会需根据报名人员的职位职级组建相应的任职资格评定小组执行评定。

结果确认：评定结果报人力资源部（党委组织部）对评价结果进行确定及审批。

晋升结果公示及归档：审批通过后，人力资源部（党委组织部）将结果公示，并更新员工信息，将本次晋级结果及时归档，自次月执行。

第十五条　选拔晋升流程

晋升启动：人力资源部（党委组织部）根据业务发展需要及人才培养规划发布晋升通知，并公布岗位空缺情况及其他信息。

个人申报及部门初审：员工个人申报，各单位对拟晋升员工的专业任职资格进行初步审核及推荐。

资格确认：人力资源部（党委组织部）对员工任职资格进行形式审查，如不符合晋升条件需回复员工所属单位并说明原因（破格除外）。

资格评定：任职资格管理委员会需根据报名人员的职位职级组建相应的任职资格评定小组，通过选拔（以民主评价的方式）或内部竞聘（以述职汇报的方式）对符合条件的员工进行评价，并将结果提交党委会。

结果确认：党委会对评价结果进行确定及审批。

晋升结果公示及归档：人力资源部（党委组织部）将审批结果公示，及时更新员工信息，将本次晋升结果及时归档。

第十六条　破格晋升流程

晋升启动：人力资源部（党委组织部）根据业务发展需要及人才培养规划发布晋升通知，并公布岗位空缺情况及其他信息。

部门推荐发布确定岗位空缺及破格名单：部门根据岗位空缺及人员情况，确定拟破格晋升人员名单。

能力评价：由人力资源部（党委组织部）根据拟破格人员个人情况及拟晋升职位任职资格要求进行能力评价。

结果确认：党委会根据能力评价结果确定最终破格晋升人员名单，对未通过人员需回复员工并说明原因。

晋升结果公示及归档：人力资源部（党委组织部）将审批结果公示，及时更新员工信息，将本次晋升结果及时归档。

第十七条　职级下降

当出现重大工作失误、违规违纪、员工个人年度绩效考核等级为"不合格"的，或连续两年个人年度绩效考核等级为"合格"的，人力资源部（党委组织部）提出下调一个职级建议，报分管人事领导审批后执行。

员工职级调整后，按照新职级对应的薪酬标准进行发放。

第十八条　经营管理序列与非经营管理序列之间的横向发展

为充分满足员工职业发展多元化需求，在符合以下规定情况下，经营管理序列与专业职能序列、技术研发序列、市场营销序列、生产序列、辅助序列可以互相转任。

（一）经营管理序列拟转入专业职能序列、技术研发序列、市场营销序列、生产序列、辅助序列的，可以由本人提出转任申请，也可以由本单位根据工作需要安排转任。

1.拟转任为"高级主管"P3、"中级研究员"T3、"销售经理"S3、"制造专家"L5级的，需满足拟转入职级的任职资格要求。转任申请经人力资源部（党委组织部）审核后，报分管人事工作领导审批，自审批次月起执行。

2. 拟转任为"专家"P4、"高级研究员"T4级的，需满足拟转入职级的任职资格要求。转任申请经人力资源部（党委组织部）进行资格初审，报分管领导、分管人事工作领导和党委书记审批，自审批次月起执行。

3. 拟转任为"高级专家"P5、"资深研究员"T5、"技术专家"T6的，需满足拟转入职级的任职资格要求，且近3年年度考核结果为"良好"及以上。转任申请经人力资源部（党委组织部）进行资格初审，报分管领导、分管人事工作领导和党委书记审批，经党委会审议后任职。

（二）专业职能序列、技术研发序列、市场营销序列、生产序列、辅助序列拟转入经营管理序列的，应由人力资源部（党委组织部）根据工作需要和岗位空缺情况，按照《××公司中层领导人员管理办法》有关规定组织选拔任用。

5. 不得参与晋升评定的情形及特殊规定

第十八条　具备下列情形的，不得参与专业级别晋升评定。

1. 不符合专业级别评定资格条件要求的。

2. 受到诫勉、组织处理或处分等影响期未满或期满影响使用的。

3. 涉嫌违纪违法正在接受审查调查尚未做出结论的。

第十九条　存在以下情况的，经党委会审议可特殊评定。

1. 金融专业人才社会招聘直接入职总部部室的，由人力资源部综合考评其同业经验值、专业度及原从业机构专业级别等建议临时评级，中级及以上需提交党委会审议，原则上最高评定为高级。

2. 博士研究生、博士后招聘入行的，可由党委会视其综合能力素质情况审议套入相应专业级别，博士研究生原则上最高评定为中级，博士后原则上最高评定为高级。

3. 不同专业序列之间岗位交流的，由人力资源部综合其经验值、专业度、原序列专业级别等建议临时评级，临时评定级别不得超过原序列专业级别且最高为高级。

4. 对本行做出特别重大贡献的员工，经董事长或行长提议，经党委会审议，可申请提前晋级、越级申报或破格评定。

第二十条　专业级别评定结果自发文次月起应用至薪酬核算、聘期管理等环节。

（六）与其他人力资源业务相关机制的示例节选

1. 与选拔培养相关

第十一条　培养工作程序和要求

（一）签订培养协议。选拔出的青年人才在正式培养前，要和培养单位签订培养协议，明确双方权利义务、各阶段考核指标等事项。每年年末被培养人要写培养心得，交培养单位审核后，作为年度考核和激励发放的依据。

（二）建立青年人才数据库。由集团人力资源部负责建立青年人才数据库，并指定专人负责日常管理。数据库的主要内容包括：基本信息、青年人才登记表、考察材料、考核结果、任用情况等。

（三）实行动态管理。基于优进劣退的基本原则，培养过程中不符合条件的青年人才要及时剔除，同时对空缺进行及时的补充，使青年人才队伍保持生机。各培养单位都要重点掌握一批综合素质好、发展潜力大的后备干部。一般每三年进行一次集中补充调整工作。对表现突出的后备干部，及时纳入近期可使用范围并赋予更重要的工作，对新发现的优秀人才随时加入各单位备选名单，对经实践证明不适合继续作为青年人才培养的，及时淘汰，使队伍始终保持动态的平衡、较高的素质和合理的结构。出现下列情形之一的，动态调出青年人才名单：

1. 解除或终止劳动合同的；

2. 个人因家庭状况、工作需要等主动申请提前终止的；

3. 因身体状况及其他原因不能继续履职的；

4. 年度考核不合格的；

5. 因工作失误、作风言行不当给公司造成一定损失或产生不良影响的；

6. 受到党纪、政纪处分或涉及责任追究的；

7. 因干部选拔、内部竞聘等发生岗位调整的；

8. 3年培养期满期的；

9. 其他需要提前终止的情形。

第十二条 培养的主要形式

(一) 培训

1. 现有培训体系。同集团现有的培训体系结合，入选的青年人才通过参加业务骨干培训，专业管理类青年人才参加中高层培训、网络学院培训以及各子（分）公司轮岗培训、安全培训、业务培训等，全面构建理论知识体系，提高青年人才理论素养和视野宽度。

2. 青年人才训练营。集团每年举办一期"青训营"。青训营是将青年人才聚合在一起，以引入外部培训为主，着力提高青年人才的政治素养、创新能力、团队意识和执行力，采取管理游戏、专题讨论汇报等方式突出学以致用，切实提升青年人才业务素质和系统思维能力。

3. 专题培训。充分利用集团内训师资和行业内知名老师，针对生产经营过程中遇到的管理痛点、技术难题或前沿理论，以专题授课交流形式，切实提高青年人才分析解决问题的能力。

4. 其他培训形式，如列席部门班子会议，培养提升管理能力；根据部门要求，参与部门日常管理工作等。

5. 培训课酬按集团培训管理办法中规定的标准支付。

（二）导师带徒

1. 充分与集团师带徒开展相互融合，按照师带徒工作流程，开展青年师带徒培训工作。

2. 建立导师库。青年人才导师应该具备以下条件。

（1）专业管理类导师应在集团工作5年以上，担任集团部门副主任以上或子公司部门副经理以上管理岗位，原则上应具有中级及以上的专业技术资格或同等职业资格的管理人员。

（2）生产技术技能类导师应在集团工作5年以上，在科研开发、技术进步、技能操作等方面成绩显著，作为主要成员承担过重要研究课题重要工程项目中主要部分的研究、技术工作，或解决过其中关键技术问题或复杂的生产问题，所取得的成果通过集团层面的鉴定或验收，并取得明显的经济效益和社会效益。

（3）技术研发工艺类导师应该具有较高的设计能力和工艺保障能力，原则应具有中级及以上的专业技术资格或同等职业资格。

（4）无违反党风廉政行为，思想政治素质好，责任心强，具有较高的业务水平和传帮带能力，近3年内无安全生产等方面的违规记录。

（5）以上符合人员中有在专业领域发表过论文或者设计的产品在

集团及以上层面评比中获奖的优先推荐给青年人才。

（6）特别优秀或在本岗位做出突出贡献的人员可直接认定。如中标生产产品主创设计师或者工艺师。

符合以上条件人员进入青年人才导师库，导师库由集团人力资源部动态更新调整。

3. 双选环节。人才管理培养办公室每期在导师库中选取优秀导师并公布导师名单，并组织青年人才和导师互选。为保证质量，原则上每期一名徒弟只能结对一位师父，一位师父只能帮带一名徒弟，特殊情况下一位师父同时带徒数量最多不得超过2人。对没有双选成功的，由人才管理培养办公室指定并征求双方意见后确认。

4. 签订培养协议。符合条件的师徒双方签订《青年人才师徒结对培养协议书》，传授内容由师父拟定，明确培训目标，包括详尽的阶段培训计划，并尽可能制定量化指标。协议经师带徒评审小组审核通过后生效。

5. 过程开展和监督。按集团师徒结对管理办法执行。

6. 考核和激励。徒弟通过阶段性考核的，师父按300元/月进行阶段内教学费发放，徒弟按200元/月进行阶段内培训奖励发放，若徒弟成绩达不到考核要求的标准，则不发放教学费和奖励。协议期满（三年）进行期末考核，根据考核总分评选出青年人才"师徒结对"活动一等奖两对，二等奖三对，三等奖四对。发放一次性奖励金如下：一等奖优秀师徒每对8000元，二等奖优秀师徒每对6000元，三等奖优秀师徒每对3000元。（期末考核奖金由师徒均分）

7. 本办法开始实行时，正在实行师徒结对的青年人才可以重新选择导师按本办法进行培养，原协议期内的师带徒培养不变。之后的青年人才师带徒结对培养优先按本办法执行。

8. 其他未尽事宜按集团师徒结对管理办法执行。

(三) 岗位交流

1. 专业管理类岗位交流

实行 AB 角制度，由本部门负责人安排，一是在本部门内部平行岗位之间轮岗，拓展专业广度；二是在做好本职工作的前提下，见习更高一级岗位工作，增加专业知识的深度。使青年员工首先充分掌握本部门范围内工作流程及运转模式。必要情况下，由人力资源部安排青年员工至其他部门的岗位锻炼，更广泛地拓展其知识面和能力范围。

2. 生产技术技能类岗位交流

由各培养单位人力资源部提出建议，各生产部门安排，一是跨专业轮岗，拓展其专业广度。二是选择工作流程纵向延伸的相关岗位让青年人才锻炼，使其进一步熟悉整个技术和生产流程的衔接要点，为今后技术水平的提高确定方向。

3. 技术研发工艺类岗位交流

由集团技术中心和各培养单位工艺技术部负责，为青年人才制定岗位轮训计划，熟悉不同工艺的技术要点。

(四) 外出交流

各培养单位独立或者联合选派青年人才到同行业单位或集团内各子（分）公司间调研、学习，丰富工作经验，开阔视野，提高业务和技术水平。

(五) 项目开展

以科技项目、管理项目、QC 课题和小改善等创新项目为载体，以公司面临的技术难题为基础成立项目攻关小组，并以解决问题为导向提供培训课程，引导青年人才参与其中。具体的实施流程是要先根据不同的青年员工成立相应的项目小组。然后由各个小组选择自己的课题，专业管理类的课题可包括，管理问题解决方案撰写、制度的编写、流程的优化等；生产技术技能的课题可包括，技改方案的撰写、技术难题的改进、生产操作的改进、设备的优化改进等；技术研发工艺类的课题可包括工艺标准撰写，工艺质量改进，产品方案设计等。然后各小组根据自己选择的课题进行研究，在整个课题研究期限内，各个课题小组可根据需求，请教导师和利用各种方法、手段、措施、工具。最后在规定的截止日期内，由小组成员提交项目课题研究成果，参与项目评比。

2. 与薪酬管理相关

（二）薪级设置

执行多通道薪酬管理体系，每个职位序列在各自的职级通道中均拥有各自的职级、晋升及发展路径。同时根据"以岗定薪与以能定薪"相结合的模式，在薪酬体系中共设置25个薪级，不同职级对应不同薪级，薪酬水平随薪级提升逐步升高，不同薪级的薪酬区间存在交叉，且级差随薪级的提升而逐步拓宽。在明确岗位相对价值的同时，根据个人的能力水平与价值贡献进行合理的浮动，并根据绩效考核结果予以相应的调整。

（三）薪档设置

每一薪级包含10个薪档，档差随薪级提升逐步增大。

1～8档为"普通薪档"，每年年底通过核算员工的"薪档积分"，确定员工的下一年度薪档。其中1～3档（C类）积分由人力资源部（党委组织部）核准后实施；4～6档（B类）由人力资源部（党委组织部）核准，分管人事领导审批后实施；7～8档（A类）由人力资源部（党委组织部）核准，分管人事领导和党委书记审批后实施。9～10档为"优才薪档"，属于特殊人才，最终由院领导审批后方可生效。

薪档积分＝个人积分＋工作积分＋学术积分（或有）

"个人积分"由员工的学历、专业、职称、本岗位工作年限、系统内工作年限五个方面积分组成，由人力资源部（党委组织部）根据员工履历核查确定，满分为60分。

"工作积分"由员工实际工作强度、工作难度、岗位匹配程度三个方面积分组成，由用人部门根据实际工作情况进行评价确定，满分为40分。

"学术积分"仅针对技术研发序列岗位，由论文、专利、奖项三个方面积分组成，由人力资源部（党委组织部）根据员工履历核查确定，为额外加分项，积分上不封顶。

3. 与绩效管理相关

员工个人年度绩效考核等级为"不合格"的，职位应当下降，降职后的职级由各总部提出建议，经人力资源总部（党组组织部）审核，参考第十九条第（二）（三）款程序审批后执行；员工连续两年个人年度绩效考核等级为"合格"的，应当下降一个职级。

第三十条 绩效考核结果的应用

（一）年度绩效薪酬：综合各部门绩效和个人绩效两方面因素，按照集团公司有关薪酬管理办法的规定，计算并发放员工年度绩效薪酬。

（二）考核结果与考核对象薪酬调整挂钩。个人年度绩效考核等级的薪酬调整，按照集团公司有关薪酬管理办法的规定执行。

（三）考核结果为职务职级调整的重要依据。按照《××集团公司职位职级管理办法》等有关管理规定执行。

（四）连续两年个人年度绩效考核等级为"合格"或一年个人年度绩效考核等级为"不合格"的，集团公司将提供一次培训机会或调整工作岗位；经过培训或调整工作岗位不能胜任工作的，集团公司有权解除劳动合同。

第三十一条　各部门根据绩效考核情况提出员工培训需求，人力资源部（党组组织部）据此有针对性地制订员工培训计划并组织实施。

（七）制度适用对象、管理机构和解释的示例节选

1. 适用对象及认证管理

第五条　落实党管干部原则和党管人才原则，公司党支部对本办法涉及事项进行前置研究。公司董事会是公司职务序列管理的最高决策机构，研究审议相关制度办法，审议董事会秘书、总经理助理及以上管理人员的职务晋升、调整、任免等相关事项。公司总办会负责中层及以下岗位人员的职务职级调整事项。

第六条　综合部是职务序列管理的具体责任部门，负责拟定相关制度，开展员工职务职级日常管理工作。

认证原则：

以事实和证据为核心；

评价程序与结果客观、公正；

评价与辅导并重，通过评价帮助员工识别差距，提出改进措施，牵引与激励员工不断提升能力与绩效。

认证方法与流程：

评价认证的内容对应任职资格标准的各要素，具体包括绩效、专业经验、专业知识、专业能力、专业成果等。

人力资源部组织任职资格标准与任职资格认证评价实施方案的宣讲与答疑，帮助被评价人理解任职资格标准、任职资格评价的流程与方式。

认证方法如表4-4所示。

表4-4 某企业认证方法示例

评估内容	评估办法
专业经验与绩效	上级和人力资源部审核
专业成果	专家认证
专业能力	
专业知识	

结合上述内容，公司任职资格认证的流程如下。

第一，条件审核：在公司系统内工作满一年以上者，符合基本条件（包括品德、经验及绩效）的员工经直属上级推荐，填写任职资格认证申请表。直属上级审核通过后，提交至人力资源部复审、备案，人力资源部对审核结果进行反馈。公司对申请人在品德方面的要求如下：

1. 遵守中华人民共和国宪法和法律法规；

2. 具有良好的职业道德和敬业精神，工作作风端正；

3. 法律法规规定须取得职业资格的，应具备相应职业资格。

申请人的品德、经验及绩效达标者，进入下一认证环节。

第二，资格评定：人力资源部收集并整理资格评定候选人的相关认证信息。任职资格管理委员会（一般由公司管理层相关领域的专家组成）根据当年实际情况制定任职资格评审会评分标准。为保证任职资格认证工作的严肃性，在专业知识、能力和成果评价中，均应严格执行相应标准。但为鼓励员工积极参与，公司初次组织认证可适当放宽条件。人力资源部组织实施任职资格评审会，任职者进行认证答辩。任职资格管理委员会集体评议确定认证结果。

第三，资格审批与结果反馈：公司任职资格委员会对认证评价结果进行审批。审批通过后，由人力资源部反馈认证结果至部门或个人。审批不通过，则将意见反馈至管理委员会并对认证结果进行复议，直至认证结果审批通过。

认证周期：

一般情况下，任职资格认证每年进行一次，具体时间由人力资源部统一安排。

2. 任职资格的管理机构、执行机构合格评审小组

第四条　管理机构

党委会负责领导本单位职位职级体系管理工作，职责主要包括：

负责对职位职级体系管理制度进行制修订；

负责对职位编制等相关文件进行审批；

负责对年度职位评定结果进行审批；

负责对职位职级管理中的重大争议进行最终裁决。

第五条　执行机构

人力资源部（党委组织部）在党委会指导下进行职位职级体系日常管理及优化工作。职责主要包括：

负责拟制职位职级体系相关管理制度；

负责任职资格评价及职位调整工作的整体组织协调，指导各单位收集、整理各单位提交的职位调整、任职资格条件初步审查和评价等相关工作；

负责拟定有关人员职位职级调整报告并上报党委会审批。

第十条　任职资格管理委员会、评定小组

为保证职位职级体系的落地实施，本单位设立任职资格管理委员会，由本单位领导、部门或序列领导班子及特邀评委构成，主要负责组织编写任职资格标准和评定申报人的任职资格。其中评定的工作通过组建和授权相应的任职资格评定小组完成。委员会有责任监督评定小组的任职资格认证工作，以及指导或配合处理认证过程中的各类争议。

任职资格评定小组由部门领导、高级技术专家、特邀评委构成，每一级评定小组由3～5名专家组成。根据拟评任职资格等级，评定小组可由不同等级的成员构成，需保证评委级别高于评定对象至少1级。初级、中级任职资格评定小组由各经营单位根据具体工作需求自行组建，并报人力资源部（党委组织部）备案；高级或专家任职资格评定小组由任职资格管理委员会组建，并报人力资源部（党委组织部）备案。原则上，人数较少、业务相近的序列可联合组建评定小组。

因工作需要，人力资源部（党委组织部）可以直接组建任职资格评定小组，开展评定工作。

3. 解释与附则

本制度根据《×××有限公司岗位及薪酬管理办法》和《×××有限公司绩效管理办法》制定，作为以上两个办法的细则对公司岗位与任职资格进行管理。

本细则自公布之日起开始正式实施，解释权归×××有限公司人力资源部。

人力资源部负责本制度的修订工作。

二、任职资格的"一体两翼"应用场景——组织端3P和人才端3D

关键维度、评价方法、计分逻辑等方面相互影响，共同形成了多对多的局面。这种灵活而复杂的技术局面对于落地应用产生了直接的影响。因为任职资格的应用在一开始没办法像高考那样成熟，我们必须一头紧盯着人才市场的变化，一头陪伴着企业战略发展的演进，这些环境与场景的持续变化，影响着我们对任职资格体系的设计和应用的实施与调整。

任职资格的应用场景很多，我们将其归类为两个主要的方面：3P场景和3D场景。而任职资格如同飞机的主体，3P、3D就像飞机的两翼，它们共同形成了"一体两翼"的飞翔模型。

人力资源3P指岗位（Position Evaluation System）、绩效（Performance Appraisal System）、薪酬（Pay Administration System）方面的制度系统，这类系统稳定性较强，是保持企业正常运营的专业基础。人力资源3D指组织发展（Organization Development，OD）、人才发展

（Talent Development，TD）、学习发展（learning Development，LD）这三项与人和人的变化紧密相关的系统，3D是保持组织的活力与持续进步的专业体系。

3P体系的设计根源来自战略任务分解，基于什么战略就匹配什么样的组织架构、岗位，以及设定相匹配的激励考核机制。3D体系设计的根源是组织能力分析，组织要打造什么样的能力，就去建设相匹配的人才梯队并培养发展路径。飞机的这两翼之间需要有一个技术载体来不断地调平和修正，而任职资格体系刚好发挥了专业桥梁的衔接作用。

例如，企业的岗位、编制和管理上往往更偏向于精简，而在人员能力变化上则会设定更高的预期。这时候双通道、多通道等管理举措可以很好地协调这些系统之间的稳定与平衡，而任职资格体系则是双通道管理中的技术主体，没有任职资格的双通道则是纸上谈兵。

（一）组织端3P（岗位、薪酬、绩效）应用场景

如果一名员工表现优异，对其进行更好的激励与保留的措施调整应当是岗位晋升、职级晋升还是涨薪？最充分的激励措施是这三者都有、多多益善，但这样做的后果是该员工很难在下一个绩效周期结束后还能继续保持优异的表现，除非这是一位始终能够保持优异的杰出人才。

如果是由于本人工作努力而获得了高绩效，对于努力的付出用奖金激励的方式更合理。如果是持续的努力，则可以上调薪级薪档，使其薪酬价值发生一个能够感知到的变化。

如果是由于员工的能力变化而得到了更高的绩效结果，我们需要理性地分析是哪方面的能力发生了变化。一种情况是其在现职水平中

积累了更多的经验、更好地解决了问题，在纵深的发展上达到或接近上一个职级水平的条件时，采取晋升职级的方式较为合理。这种情况能力的变化一定是对应着解决问题水平的变化的，否则就变成了"排资论辈"，因为能力提升本身并不产生价值，产生价值的是他的工作交付和价值贡献水平的提升。

还有一种情况是员工的能力在横向方面有拓宽的可能性。比如在这类任务完成得令人满意的基础上，员工还能够承担一些新的职责领域。管理岗位和复合型人才的成长都是建立在首先将一类任务做好并有所建树，能够更好地进行多项能力共同发展和能力整合的基础上逐渐善于解决更加复杂的问题。这种情况下的激励视角应当立足于工作机会、职业生涯和事业舞台的丰富性方面来出发，这样会产生一些更深层次的激励效果。

在 3P 领域，任职资格可以准确地将员工的能力水平进行定位，合理的人才定位可以保持人工成本的合理和激励效果的最大化。薪酬经理们会采购外部薪酬数据，用以进行市场薪酬水平的比对。这种比对是针对岗位而言的，将我们自己的某个岗位与市场水平相比，了解其分位值水平。这种比较建立在岗位价值同等的情况下才有意义，如果 A 企业的财务 BP 和 B 企业的财务 BP 的岗位价值不尽相同，那么这种比较也缺乏基础。另外，在比对薪酬时还需要了解人才的质量，例如我们企业资深的财务 BP，和市场中的财务主管相比，其任职资格水平是否具有可比性，否则会出现薪酬倒挂的情况。比如常常会有企业近期招聘的人员比老员工的薪酬水平还高，他拿着 75 分位的薪酬水平，其能力水平在行业中也就 50 分位。这说明我们的任职资格体系和薪酬没有打通，或者是与同行业的任职资格无法参考或对齐，这样可能会导致花了冤枉钱，冲击了原有的薪酬体系，但人才的质量与薪酬价格并非成正比。

薪酬报告的落脚点在于"钱"（劳动力市场价格），而薪酬经理们的管理对象却是"人"。只有对人本身形成明确的定位定级后，薪酬才能起到激励的作用，而不仅仅是发工资、分配层面的操作。

薪酬经理们还需要关注一个心理学的概念——心理阈限。比如月收入1万块钱的员工，给他每月涨薪200元，这种刺激达不到他的最小的感觉阈限的强度。明明涨了钱，员工并不认可还觉得企业很小气；老板付出了更多的人力成本，却并没有达到激励的效果。法国里昂大学曾经对奖金的阈值进行测试，得出奖金的作用必须在超过被奖人收入的25%以上才能生效。这一结论很令人惊讶，但这恰恰是我们内心深处的真实物质反映。可是薪酬经理们哪有这么多的工资总额资源用以分配呢？

任职资格与薪酬的联动设计，即价值协同体系（我们在后面的章节中会介绍）能更好地理顺和平衡这样的问题。如果需要重用一个人，就调级又涨薪；如果是认可一个人的能力，就先调级后涨薪；如果是肯定当期的绩效，就先涨奖金后调级。这两种策略可以很好地进行激励的平衡和功能的互补，比经济激励这一条腿走路要灵活得多。

（二）人才端3D（组织发展、人才发展、学习发展）应用场景

OD（Organization Development）、TD（Talent Development）和LD（learning Development）最核心的是D，只要组织和人才不断发展，组织机能处于动态的运行轨道中，人才这个变化万千的元素就会一直影响着组织的生命力。

在 3D 这一端，所有的举措都是为了更好、更快地应对变化。在积极的变化中，人才能够主动地成长，组织才能够持续地进步，这既是所有人共同渴望的，又是 HR 们"甜蜜的负担"。我们应当设置什么样的机制以促进这种变化持续发生，以及这些变化发生过后以什么样的措施进行新一轮的调整和匹配？

任职资格在企业各个发展周期中，发挥着不同的功能。在企业的快速上升与扩张的阶段，HR 们需要在运动员中找出那些跑得更快、跳得更高更远的选手，这时候的任职资格体系需要将顶点抛至更远的地方，让更高的标准发挥引领性的作用。晋升的策略也整体呈现"小步快跑"的模式，牵引大部队跟上战略节拍。

在企业平稳发展、精细化管理的阶段，任职资格的制高点比目前最高的水平略高，基本上保持确实有人可以有机会够到最高的位置，否则在员工心目中就成了镜花水月的假把式，也容易让大家泄气。在中间段的部分可以适当地宽一些，职级分级更细致一些；首先保证骨干和熟手的内部公平性。这种背景往往薪级薪档也相应地具有较多的小格子，薪酬带宽的交叠度明显。在这种框架中，有人挣钱，有人挣名，尽量满足"人人都有奔头"。

如果是组织的困难阶段，业务规模的收缩势必带来人员的优化和分流。如果有必要进行减员，那么减掉的未必是最末端的职级，很有可能被裁掉的是那些"贵的"人员。有时候由于历史原因，抑或不合理的任职资格体系容易造成水涨船高和排资论辈的情况，有些人的职级和薪酬价格虚高，这类人首当其冲会是被优化的对象。在一定的周期内，职级晋升会被冻结，直到业务格局重新打开。

我们在进行人才储备时，即对一批员工有更好的发展预期时，圈定候选人最好采用"向上看"的方式，即用更高一个职级的标准进行预选，因为大家预期的结果是职级（或工作机会）发生了更高的变化，而不是希望他在目前的职级中更加优秀。如果是管理干部人才盘点、人才审计、人才质量摸底这类应用场景，我们会以同职级的标准进行"左右看"，横向审视人才队伍与同级标准的差距，有谁更突出、有谁可能会掉队，然后加以积极的干预。还有一种情况是"定向看"，结合业务目的，即找出某个部分非常突出、非常有特点的人才，比如找出特别具有开拓精神的人去开发新市场，任用特别严谨的人去深耕降本增效等，还可以基于他们的特点为其匹配适合"搭班子"的人选。既然没有完美的个人，就去组建完美的团队。

在学习体系的构建方面，任职资格是明确的标尺与阶梯，特别是在知识技能这类显性的、通过输入和训练就可以提高改善的部分。由于关键历练已经将别人"走过的路、填过的坑"都践行过，所以不必每个人都要真的来一遍才能提高经验的厚度，完全可以通过轮岗、行动学习、课题研究等"类经验"的方式进行快速补充。在关键特质的管理方面，我们不可能去创造或改造一个人，但我们可以告诉他行之有效的工作行为是怎样的，如何帮助他建立与任务目标更相符、更顺畅的行为模式或行事方法，这样就可以既顺应自己的内心，又驾驭业务目标。

（三）与胜任力相关的操作实务问答

1. 能力模型、素质模型、领导力模型，还有任职资格，模型到底有多少种

20 世纪中后期，哈佛大学的大卫·麦克利兰（David·McClelland）

教授的研究成果，使人们看到现代人力资源管理理论新的曙光，为企业人力资源管理的实践提供了一个全新的视角和一种更有力的工具，即对人员进行全面系统的研究，从外显特征到内隐特征综合评价的胜任特征分析法。这种方法能够满足现代人力资源管理的要求，构建起某种岗位的胜任特征模型（Competency Model）。他把这样发现的、直接影响工作业绩的个人条件和行为特征称为 Competency（胜任素质）。

在中文的语义里，Competency Model 被演绎为能力模型、素质模型等版本，后面又出来了英文中 Competence Model 胜任力模型的概念。

Competence 和 Competency 的区别是什么？Competence 倾向于表示本身拥有的能力，主要被用来说明组织的特点、工作的特性。而 Competency 倾向于表示需要具备的资格，经常从个人的意义上进行解释。

我们现在通常称之为"胜任力模型"，因为这个称呼不容易引起歧义且涵盖范围较广。至于胜任什么，可以区分不同的对象和不同的场景。

从对象划分来看，通常可以分为面向管理人员的各级领导力模型，例如高中基层领导力模型、后备干部模型等，以及面向非管理人员的专业能力模型，这里面可以包括知识技能、经验资历、专业能力、专项技术等，在许多企业里也称之为"任职资格体系"。

从场景应用来看，模型在使用目的上，一般包括三种：横向（履职盘点、岗位匹配等）、纵向（晋升与储备）、点状（特定岗位甄选、特定问题排查等）。

横向主要使用本层级的能力标准进行衡量，主要以近期工作事件进行衡量。纵向主要使用目标层级的能力标准进行衡量，需要结合过往工作行为和预期工作行为进行衡量。点状需要根据目标岗位或特定问题，有针对性地另外制定一个小的标准，以满足对特定问题的观察。

目前为止，在我们众多的建模经验中，最好用的、最能够落地和受到业务部门认可的，是"角色画像"这种技术方法。

2. 任职资格和素质模型真的有用吗，都有什么用处

建模的意义，我认为有三个方面的作用，分别是道的层面、术的层面和工具的层面。

在道的层面，首先在于构建一个组织的精神体系，它可以不完全"现实"，也可以不充分"落地"，但是它不能没有。没有精神体系的组织，一定会萎靡不振，一定会缺乏深层次的组织灵魂建设。比如有个快消行业的企业，由于各个零售店的资源、地理环境不均衡，没有分配到市中心或商务区的店长们经常抱怨，怎么分配到这个破店，而并不是想办法因地制宜地制定营销策略。这个组织的企业文化中有这样一句话："对人感恩，永不抱怨；成就别人，造就自己"，但总说不到店长们的心里去。之后在建模中构建了"逆境突破""开放超越"等素质项，通过测评和培训对店长们进行正向引导，渐渐就形成了一种积极的正能量。

在学术的层面，建模务实的意义在于澄清一些务虚的东西。例如，澄清战略、澄清组织；全球化的战略需要前瞻创新的人才，多元化的组织需要开放整合的梯队。通过建模去澄清标准，进行人才画像与能力建设，起到灯塔与领航的作用。

最后才谈得上建模的工具性应有的作用。工具性主要在两个方面发挥作用：一是人才识别，二是能力发展。在人才识别上，建模的功能主要是"尺子"，有了尺子才能够衡量与鉴别，让大家知道自己现在在哪儿。在能力发展上，建模的功能主要是"梯子"，有了梯子才有路径，让大家知道该往哪儿去。

综上所述，建模的意义在于务虚和务实两个层面。纯粹务虚的建模，的确难以"接地气"；纯粹务实的建模，又比较狭隘。虚实结合、软硬结合，这才是建模的真谛。

3. 同一个组织，不同的人建出来的模型会不同吗

是的。

人文科学不同于自然科学那样量化，且有一个特点，就是讲究悟性，更重智慧而不是知识、定律。它不像自然科学、社会科学那样注重普遍规律和累积知识，而是更注重一种智慧和能力的培养，更注重紧张和有创造性的探讨过程而非固定的结论。它对个人的独创性留有更浩大的空间和更多样的表现形式。

组织没变，如果管理者变化了，或者是人力资源总监发生变化，抑或不同的建模人员和咨询顾问，面对同样的输入信息，会得到不同的输出结果。因此，选择适合的样本进行调研访谈、访谈的手段和内容的深度，以及对企业发展战略的理解与见解，都会对输出结果产生影响。

如果是专业水平较高的不同团队来建模，理论上来说，模型或许会有些差异，但不应当有过大的偏离。尽管人文科学一般不像自然科学、社会科学那样依赖实验条件、物质条件，但是对于共识性的观点还是应当高度趋同的。

4. 能力建模究竟是技术，还是艺术

从古埃及的金字塔到巴比伦的空中花园，世界上那些千年的教堂和宫殿、百年的大厦和楼宇，经得起岁月的风霜，耐得住光阴的洗礼，支撑它的是技术，还是艺术？

技术是骨骼，艺术是血脉。这是一件伟大的作品必不可少的两个关键元素。

建模在技术层面，需要将组织的战略要求和人的心理特质进行整合，需要结合战略解析、BEI（行为事件访谈）、编码技术等手段，这样才能形成坚固的框架，保持主体结构的稳固。

为了内化与传播，建模需要艺术化表达。一首动听的歌曲、一幅优美的图画、一尊逼真的雕塑，都可以从视觉、听觉等角度触发人们的感官系统；而一个枯燥的公式却难以让我们牢记在心。一个好的建模作品，最终的艺术化和包装宣贯是可以实现画龙点睛的。

因此，在模型的表现形式和传播方法上，除了模型辞典以外，还可以有多种多样的呈现形式。例如宣传片、微信公众号、案例集、沙龙、小文章、厕所贴纸、食堂海报等五花八门的方式，甚至有一些企业，将模型要求作为晋级考试的题目，作为员工在成长的道路上行为与内心的指引。

5. 好用的胜任力模型，一般包括多少个元素

组块策略是心理学中研究短时记忆的概念。人类普遍的短时记忆的容量只有7个单位左右。在短时记忆活动中，大脑一般接收不了超过7个单位的量。短时记忆容量一般为7，并在5至9之间波动，也就是说短时记忆容量有限。

因此，我们通常建议模型的一级维度在 5 ~ 6 个，最多不超过 8 个。无论多少个小维度，都应当涵盖在这个数量范围的一级维度之内。

元素和元素之间采用 MECE 原则（Mutually Exclusive Collectively Exhaustive），意思是"相互独立，完全穷尽"。我们多采用积木式的结构进行元素之间的设定和搭配组合。

| 第五章 |

战略顶天、专业立地——构建支撑人才战略的系统基石

任职资格体系本身是一套工具方法，是一些非常具象的技术方案。我们从不评判这套工具本身是否好用，我们只描述它是否适用。因为任职资格体系必须深深地嵌入人力资源体系的各项细枝末节，并与人力资源其他的业务有机地融为一体，提高内部客户的体验感和满意度，从而为组织创造更多的价值。

在本章中我们不单独强调狭义的任职资格工具方法，而是跳出任职资格来看任职资格体系的建设，即立足于整体的人力资源管理架构来俯瞰和理解任职资格、职位职级管理等具体的机制与作用。

一、人力资源专业体系的诊断方法——价值四协同法

如果我们形象地把组织中的人力资源管理体系比喻为一张桌子的话，桌子上承载着员工队伍，员工队伍高举双手支撑着战略目标。这张桌子的四条腿必须坚实和整齐才能保持稳固，如果桌腿长短不一，整张桌子肯定会摇摇晃晃。

人力资源的各项体系和机制都与"价值"紧密相关，一方面这张桌子可以更好地托举员工的价值的创造，并通过价值激励与兑现来体现价值回报；另一方面员工的绩效价值也托举出组织的商业价值，推动组织的长足进步。

如果桌子倾斜，人力资源部门就必须奋力调整短缺的位置，只有补上这个短板，才不至于让整张桌子不平衡。保持价值的协同，是人力资源专业整体架构坚实稳固的依据。人力资源价值四协同如图 5-1 所示。

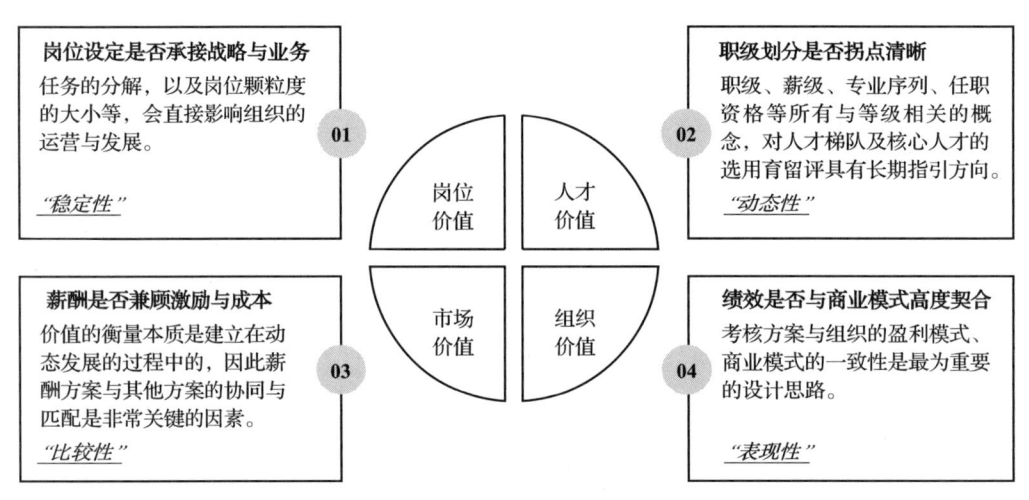

```
┌─────────────────────────┐                            ┌─────────────────────────┐
│ 岗位设定是否承接战略与业务 │                            │ 职级划分是否拐点清晰      │
│ 任务的分解，以及岗位颗粒度 │                            │ 职级、薪级、专业序列、任职 │
│ 的大小等，会直接影响组织的 │         岗位  │  人才       │ 资格等所有与等级相关的概   │
│ 运营与发展。              │ 01      价值  │  价值  02   │ 念，对人才梯队及核心人才的 │
│                          │         ─────┼─────         │ 选育留评具有长期指引方向。 │
│ "稳定性"                  │         市场  │  组织       │ "动态性"                 │
└─────────────────────────┘         价值  │  价值       └─────────────────────────┘
┌─────────────────────────┐                            ┌─────────────────────────┐
│ 薪酬是否兼顾激励与成本    │                            │ 绩效是否与商业模式高度契合 │
│ 价值的衡量本质是建立在动   │                            │ 考核方案与组织的盈利模式、 │
│ 态发展的过程中的，因此薪   │ 03                     04 │ 商业模式的一致性是最为重要 │
│ 酬方案与其他方案的协同与   │                            │ 的设计思路。              │
│ 匹配是非常关键的因素。     │                            │                         │
│ "比较性"                  │                            │ "表现性"                 │
└─────────────────────────┘                            └─────────────────────────┘
```

图 5-1　人力资源价值四协同

就岗位价值、人才价值、市场价值和组织价值这四项机制进行独立分析而言，单独评判哪项机制是否有待优化，并不足以深层次地解决问题。因为这些机制是相互联动的，单单某一项机制非常漂亮，并不能让桌子实现平衡稳固。

岗位是基础的管理要素。岗位设置的颗粒度大体分为粗、中、细三类。以人力资源部门内部常见的分工为例，岗位颗粒度最粗的设定方式大多以"头衔"来确定大岗，比如主任、主管、专员等。光从这些名称上我们无法知道这位主任具体负责什么工作，但是我们可以直接判断出他并非初级员工，是具有一定经验和资历的任职者。粗颗粒度的岗位设定适合于需要对员工进行灵活调配的组织，对"人"的管理大于对工作任务的管理。由于这种方式的分工不是十分明确，因此在绩效管理、人员增补等方面都需要非常细致地考虑到每个自然人的情况，然而每个自然人都是独一无二、无法复制的。

岗位颗粒度中等的情况下，一般会在岗位名称中相对明确其主要的工作范畴，比如薪酬主任、招聘主管、考勤专员。这种岗位设置的方式能够明确目标和任务，对于考核到位、责任到人方面具有明确的管理意义。但是，这种设置所带来的管理复杂程度也相对较高，一方面是任务本身的价值比较，另一方面是员工个人的价值变化。我们俗称"岗位称重"的这项专业活动（即岗位价值评价）可以用量化的要素对岗位价值进行计量，因此可能会出现岗位价值评价过后，我们将薪酬管理岗的价值定义为比考勤管理岗的价值更高一些的现象。员工个人的经验能力提升也会提升其个人价值，原来的专员经过数年的积累其任职资格水平已经达到主管级，那么对这位员工的管理，有些企业采用岗位价值第一、人力成本强管控的方式，也有些企业遵循以人为本，允许"高职级的人从事普通岗位"。

岗位颗粒度细的情况大多出现在成熟、稳定、标准化运作的业务中，有利于精细化地提升工作品质。例如在某制造业人力资源部门中，负责招聘的小组大部分工作是将产线工人和季节工人招募到位，对于白领岗位的招聘涉及较少。尽管招聘岗位的人数并不少，但对于蓝领工人的招聘任务并不需要太强的专业性，老板便对招聘岗位也采取精细化的管理措施，分为初级招聘专员、中级招聘专员、招聘主管、招聘经理几个小岗，每个小岗对应的招聘任务不同，类似于各级销售员工对应不同的销售任务式的管理模式。

岗位的设定是基于战略向任务分解而进行的，后续的职级与任职资格、薪酬绩效的体系也必须与岗位价值协同处理。比如我们常见的研发岗位，在有些组织中"研发工程师"是大岗设置，这就需要用职级与任职资格的管理将其准确地进行分段式评聘和激励。在另一些组织中"初级工程师""中级工程师""高级工程师"是三个小岗，这些岗位已经自带了任职资格的要求，那么价值协同的体现则应当关注与绩效产出的差异性方面，否则人类趋利避害的本性会促使员工一边向高职高薪的方向争取资源，一边向有利于体现其自身绩效圆满达标的低挑战性指标上寻求机会。

二、用"人才之帆"撑起人才战略的大船模型

众所周知，人力资源战略规划非常重要，人才战略是支撑企业战略目标的支柱体系。但是目前这个概念本身的意义大于操作性的意义，尚未有务实的工具方法能够将人才战略进行诊断、分析和优化。

在许多企业中，对于人员编制的预测和管理可以作为人力资源规划的重点之一，人力资源部门通过对人员数量的调控，使之符合当下的生产经营需要。然而人员的数量和质量有时是相互影响的，而人才质量更多停留在主观判断的层面。

我曾经听到过一些管理者的抱怨：我们部门编制满了，可是有三个大学生和两个快退休的，实际上人手远远不足。或者是：我们部门员工很多，但是员工流动性高，整体素质却不高，管理起来非常复杂和麻烦。还有一些职级与薪酬不匹配的现象，比如外部招聘的人会更容易争取到稍高的待遇，而企业对内部培养的人却保持着谨慎的晋级涨薪态度。

对于特大型企业而言，那些员工数量达到数以万计，或者数十万规模的庞大企业，集团人力资源总部如何清晰地掌握整个集团的人才队伍现状，并对业务迥异的下属公司提出针对性的优化措施？

显然，仅凭对员工数量的管理对于人力资源决策的支撑是远远不够的。

在多年的咨询实践中，我们逐渐探索出一套用于制定和优化人才战略的方法——"人才之帆"模型。这套工具可以清晰有效地审视人才队伍在数量、质量、储备等方面的现状，并通过对人才结构或人才政策的调整，使人才队伍与战略目标高度匹配，以及保持组织卓越的战斗力和活力。人才战略模型——人才之帆如图 5-2 所示。

主帆（主动力）：决定航速与效率
- 队伍划分
- 队伍画像
- 队伍结构
- 每支队伍的头部人才占比
- 各支队伍之间的比例关系

桅杆：起到支撑作用
- 组织决策层面
- 制度运行层面
- 权责管控层面

前帆（推动力）：用来加速和转弯
- 人才储备
- 人才库与人才工程

底座：生存的基础
- 人才数量
- 人才增量
- 人才质量
- 人工成本

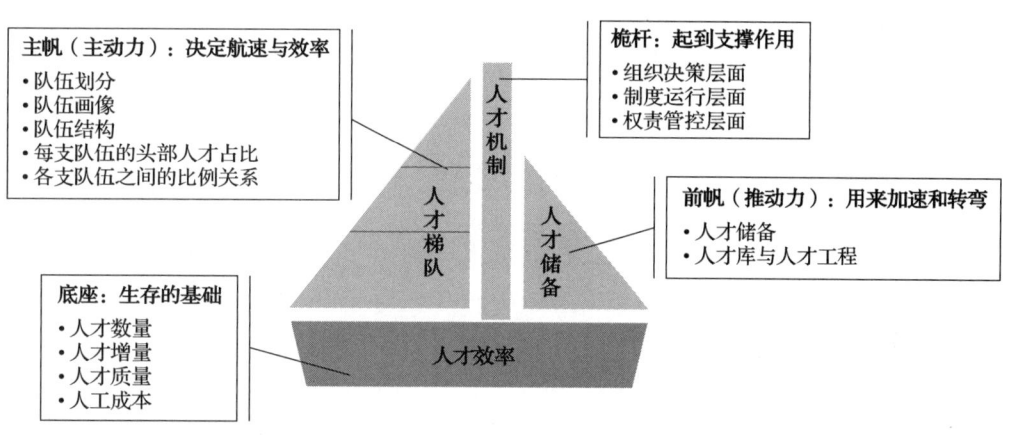

人才梯队　人才机制　人才储备　人才效率

图 5-2　人才战略模型——人才之帆

人才之帆模型将一个组织整体的员工队伍和人力资源工作机制形象地比喻为一艘帆船。这个帆船共有四个主要结构：底座、主帆、前帆和桅杆。

（一）底座

底座是帆船安全稳固且敏捷灵活运行的基础。人才数量、人才增量、人才质量和人工成本这四类指标直接影响着各项评估人力资源活动效率的指标，例如人均营业收入、人均利润率、人力资本投资回报率等。这些指标均为人力资源的效益或效率类指标，与企业的经营价值紧密相关，主要包括以下几个方面。

人才数量：一定时期一定范围的人才累积量。

人才增量：对人才数量的预测性变化及缺口分析。

人才质量：人才的能力水平。

人工成本：人工成本及人均效能指标。

底舱作为船身的主体，总体反映人才的数量、质量和成本。它的坚固性、轻便性和承载力等，直接关系到这艘船的适航性。

人才数量和成本的历史数据比较容易统计获得。而未来总体规划可以根据人效标杆法和占比标杆法进行推算，并用因素分析法进行必要调整。

人才质量往往是被忽视，也是最不容易澄清的一部分，但其对人才的数量和成本有着直接的影响。举个例子：财务部门的编制是10个人，如果部门人员的质量不够好，即使满编也无法完成财务部的工作，如果人员质量足够好，也许不用满编，8人就足以完成工作。所以我们在做人才规划的时候，需要考虑到人才质量是预期增长，还是持平，还是有所下降。

（二）主帆

主帆是帆船最主要的动力，它决定着航速与效率。通过对各个职位序列的划分和管理，构建企业各支人才队伍，以实现经营发展的需要。通过对不同专业和职业序列的划分厘清企业需要多少支人才队伍，以及每支队伍所需要的任职条件。每支人才队伍可以有不同的形态，例如常见的队伍有金字塔型的，也有橄榄型等。每支队伍的头部领军人才是否充裕决定队伍整体的高度，各队伍之间的比例关系决定了在有限的员工规模中，各职位职种的合理配比。其主要包括以下几个方面。

队伍划分：穷尽划分法、重点划分法。

队伍画像：人口学特征。

队伍结构：队伍内各层次之间的形态结构。

每支队伍的头部人才占比：顶尖人才的占比。

各支队伍之间的比例关系：各支队伍的数量比例。

主帆是船只的主要动力来源，其动力性取决于各序列之间人才分布的合理性、能力与岗位的适配性，以及各序列内部人才结构是否与组织业务相匹配。

主帆的动力性决定航速和效率。比如有很多生产制造企业正在转型成"＋互联网"或者"互联网＋"，所以会压缩或者砍掉一些低端的劳动岗位。

在这种情况下，企业的战略要求可能要用5年把一个传统的金字塔型人才结构转换成橄榄型的人才结构，也就是用机器设备或者一些先进的技术和流程替代低端的劳动力，但是中间这个部分的人才需要打磨得非常坚实和稳固。如果人力资源部要把人才结构配合企业战略和业务去调整，就要考虑各个条线的能力标准和如何将现有员工按照未来的能力标准去培养。

（三）前帆

前帆是帆船的助推系统，用来加速和转弯。人才库、人才工程、储备干部等能够对未来组织能力起到引领作用的、前置于战略或业务发展的人才准备，是支撑企业未来持续发展的动力源泉。其主要包括以下几个方面。

人才储备：基于战略需要的人才储备。

人才库与人才工程：对重点人才、储备人才等特定群体进行的人才管理模式。

前帆是用来加速和转弯的，也就是说前帆是一个很重要的引领性的人才计划。许多大型企业会做很多储备型的人才工作，前瞻性地进行培养。

锚定一些未来的业务去提前进行人力资源的计划和准备，然后把高潜人才选拔出来，作为人才项目里面的重点培养对象，蓄水养鱼。当时机到来、战略落地的时候，有匹配要求的人才可以使用，这就是前帆的作用。

（四）桅杆

桅杆的作用是支持船帆。桅杆不仅可以支撑船身和保持平衡，还可以用它装信号灯、探测信息，提升船在江河湖海中行驶的速度。人力资源部门自身的架构安排、体系与机制、制度建设和权责分解等方面，是支撑组织这艘大船又快又好地远航的专业条件。其主要包括以下几个方面。

组织决策层面：在企业管理和人力资源组织中的权力和决策机制，例如人事决策委员会、组织发展部等。

制度运行层面：包括人才标准机制、人才评价机制、人才发展机制等一系列人才管理体系与制度。

权责管控层面：人才机制在用人部门与人力资源部门之间的权责划分、总部与下属公司之间的权责划分等。

最后，我们再来看一下人才之帆的支柱——桅杆，它有承挂主帆和前帆的作用，是整个人力资源的制度和政策体系。没有良好的制度环境和人才文化，人才的积极性、智慧和活力就不可能充分释放出来。"死"的制度、"活"的文化，这是检验人才管理水平的重要标志；人才管理制度，要具有先进性、稳定性和长期性，而不是心血来潮，朝令夕改；人才管理文化，使"尊重人才""以人为本"深入人心，而不是"口头上重视，思想上轻视，实际上忽视"。如此，才有"桅杆"高耸，才能直挂云帆，乘风破浪。

人才之帆的各个部分，对应着我们衡量一个企业人才管理水平的主要指标。

第一类指标，是人才效能的财务指标，比如许多企业会考虑的人均单产、人均销售额和人均利润等，这与底舱，即总体的数量、质量和成本密切相关。

第二类指标，是基于人才主体现状的。包括人才结构、质量和员工的敬业度等，以及我们是否留住和发展了"好人"，是否淘汰或分流了"坏人"。

第三类指标，是基于未来发展需求的。在这方面，我们可以采用关键岗位的人才培养的覆盖率、出池率及关键人才的主动离职率等面向未来的指标。这些指标关系着组织未来的续航和加速能力。

第四类指标，是人才管理制度与文化指标，包括制度体系是否完善、透明，执行是否有力，管理者在人才管理中的参与度及员工对人才管理举措落实的满意度等。

以上四个方面就是用来衡量人才之帆的指标，可以看到这几类指标全部都能在人才之帆中找到对应的发力点。

在中国的一些特大型央企总部中，我们的"人才之帆"模型已经具有成熟的运用和良好的实践。例如保利集团总部、通用技术集团总部、国机集团总部等大型央企，以一套简明有效的方法来诊断人才队伍现状，并对下属企业提出优化发展的方向。某大型企业总部"人才之帆"诊断如图 5-3 所示。

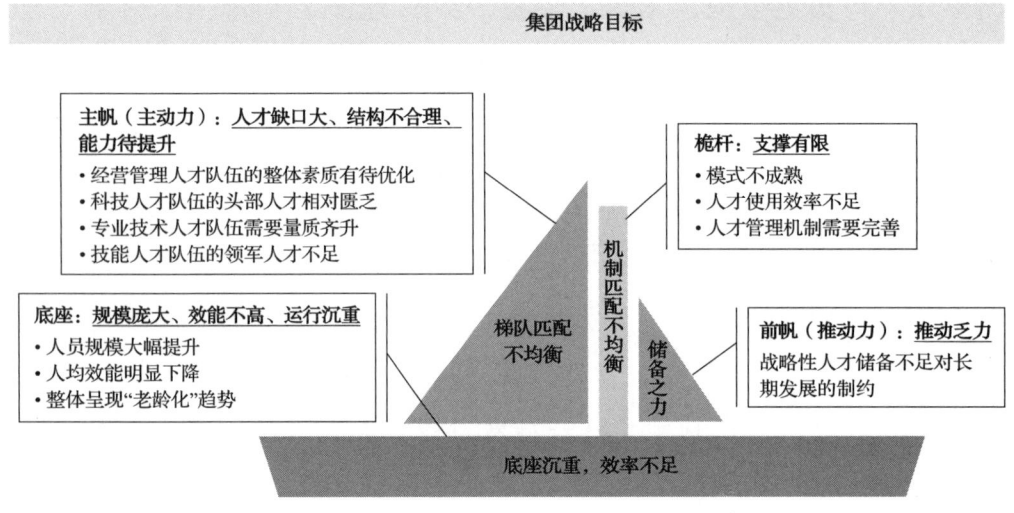

"一艘船"人才现状盘点：目前呈现出"大底座、小前帆、短桅杆"等结构不合理的状态

集团战略目标

主帆（主动力）：人才缺口大、结构不合理、能力待提升
- 经营管理人才队伍的整体素质有待优化
- 科技人才队伍的头部人才相对匮乏
- 专业技术人才队伍需要量质齐升
- 技能人才队伍的领军人才不足

桅杆：支撑有限
- 模式不成熟
- 人才使用效率不足
- 人才管理机制需要完善

底座：规模庞大、效能不高、运行沉重
- 人员规模大幅提升
- 人均效能明显下降
- 整体呈现"老龄化"趋势

梯队匹配不均衡

机制匹配不均衡

储备之力

前帆（推动力）：推动乏力
战略性人才储备不足对长期发展的制约

底座沉重，效率不足

图 5-3　某大型企业总部"人才之帆"诊断

以表 5-1 为例，基于"人才之帆"诊断结果明确优化方向。

表 5-1　某大型企业总部的"六棵树"人才栋梁工程

人才类别		人才工程
经营管理人才队伍	高品质职业经理人队伍	梧桐计划
经营管理人才队伍	优秀年轻干部队伍	水杉计划
经营管理人才队伍	管理培训生储备	白杨计划
科技与专业技术人才队伍	高层次科技人才队伍	青松计划
技能人才队伍	高技能人才队伍	国槐计划
高端人才引进工程		银杏工程

三、人才队伍梯级层次培养的要点

建设一个具有梯级层次的人才队伍，让员工的向上发展看得清、摸得到，就能够保持组织具有欣欣向荣的发展活力。

梯级层次的人才管理有各种五花八门的建设方式。有些企业采取"梯级式"方法，以职级作为人才梯队的晋升主线，员工像爬楼梯那样逐级践行。有些企业设定"圈层式"措施，以各级人才库的方式进行分类和储备，设定战略性人才库、后备人才库、高潜人才库、管培生人才库等，对各种人才分门别类地安排选拔入库、培养训练和出库。

培训效果难以评估是业界公认的难题。培训不是高考补习，没有统一的标准。老板愿意看到"成才率"这类具有质量和结果性质的指标，业务领导关心受训人员的工作能力是否显著增强，而员工本人更希望自己通过培训学习得到务实性的收获，最好这个收获在其他的工作机会中也能够有所体现。人力资源部门作为培训活动的组织者，不仅要整合这几方不同站位的诉求，同时要考虑到培训经费、师资力量、占用学员的时间等细节问题。

从受训学员人群划分的角度来看，梯级式和圈层式都有一定的道理，细分人群有利于更加聚焦地配置学习资源和安排具体的课程。今天我们在此基础上再提供另外一个视角，帮助培训经理人更好地建设"以学员为核心"的培训体系，而不是"以课程为核心"的模式。

由于培训最终的效果并非仅限于讲师现场的气场、口才、氛围、案例的精彩和深入的互动等这些当天的学习效果，真正的培训效果必须根植于学员的能力当中得以体现。而学员在基础水平、学习方法、认识思维等方面存在着个体差异，因此我们必须将一部分注意力放在对其进行个性化的因材施教的培养手段中，以提高学员个体的能力进步为出发点，进行学习手段与资源的组织实施。

我们从训前、训中、训后来分享4K角色管理在培训中的运用。

训前：在前面的章节中，我们可以了解到通过4K赋分的方式对员工各项K值的测量方式，这样就能够清楚地了解每个人的能力长短板。哪怕是K值相同的员工，其能力结构也不尽相同。有些人经验丰富，但欠缺专业技能；有些人具有很好的教育背景，但没有经历过急难险重的历练。以学员为中心的培养体系首先是对每个个体的现实情况进行反馈，明确地告知对方他在哪项能力方面较为突出、在哪些方面有待提升。然后通过多种学习手段的组合对其进行个性化的指导，比如经验不够的为其匹配导师，技能不够的为其提供专业材料，形成每个人具体的"关键学习路径"。关键学习路径可以通过IDP（Individual Development Plan，个人发展计划）的方式呈现出来，许多学员也会感受到这是组织对其相当用心的培训安排。

训中：在培训的实施当中，对K1、K2、K3的提升需要分门别类地组织培训资源和运用培训手段。K1中具体的知识技能部门是最容易通过培训快速加入转变的维度，采用输入式的培训方式学习，并通过培训考核来固化知识点的掌握和记忆，便可体现培训效果。K2关键历练除培训课堂中的学习以外，还可以辅以轮岗、项目模拟等手段。在课堂中输入型的培训手段对K2产生的作用比较有限，而行动学习之类让学员"动起来"和"参与进去"的方式，更有利于在一个假设的环境中通过对自身行为的探索得以改善。K3关键特质是最隐性，也最难以在成年后扭转的，我们首先是识别它、接纳它，然后通过工作所要求的行为管理来靠拢，而不是通过培训来改变一个人的内在性格。比如销售岗位要求员工贴近客户，与之保持紧密的沟通；这项要求是针对工作行为的，而不是要求销售员工将其性格塑造成为一个外向的人，否则那种"无法做自己"的痛苦纠结，长期下去会引发抑郁的隐患。

训后：一直以来，在培训效果的衡量中我们经常会看到一个悖论。很多企业希望通过训前摸底来了解学员的情况，然后通过数天的培养掌握学习效果和能力水平的变化。培训经理希望有一套简单的在线测评工具，在培训前后对学员进行测评，来对比分数的变化。要想清楚的是，心理测评工具的信度和效度均需要达到一定的水平才能有用，大多数在线测评工具的再测信度都在一两年或者更长时间之上，这对于衡量培训效果似乎没什么帮助。如果说培训前测用一套工具，培训后测用另一套工具，以避免再测信度和练习效应的影响，那么岂不是自欺欺人？

对 K 值的管理可以细分到每个小维度进行赋分和赋值，所以对比学员在一个学习周期前后的变化，比在线测评工具更加贴合真正的测量需要。通常我们建议以至少半年为周期的学习项目为 K 值前后对比依据，一方面来观察学员自身在各项小维度中的变化，另一方面可以审视哪种培训手段更为有效。

对于梯级式的人才培养，K1 和 K2 的学习能够帮助学员更快地达到或提高显性的能力，尽快"能做、会做"并推动职级晋升；对于圈层式的人才培养 K2 和 K3 的变化有助于其将一件事情"做得更长、做得更好"，以及实现突破圈层的跳跃式发展。

四、ChatGPT 对组织和人力资源的影响

人类在石器时代打磨了两百多万年而人类进入工业文明时代不过才二百多年，人类文明升级步伐就飙升至互联网时代。所谓的"管理学"这个学科如一艘漂洋过海的小船，在历史的滚滚洪流中不过是沧海一粟。

仅仅十几年，MBA/EMBA 的教育便从高光位置转向管理通识，成为管理者应当自我完成的基本修炼。人们越来越意识到，管理本身并不是一个职位，而是一种活动。通过管理活动提高战略目标实现的确实性，管理行为中的计划、组织、指挥、控制等一系列手段才会具有商业价值。如果偏离了这个出发点，单纯为了从事这些管理活动而产生的行动和动作，本身是没有意义的。

工业文明时代发展如此之快，它甚至不愿让我们有片刻安逸，还没来得及让我们的管理活动历经时间的打磨进行固化和沉淀，便急迫地冲向了下一个阶段。

AI 来了，ChatGPT 来了，人工智能来了，硅基文明时代到来了。在企业的智力活动中，人力资源不再是唯一的创新和创造力源泉。

我们不禁发出各种疑问，从深层次的管理内涵上，硅基文明时代与工业文明时代本质上的差别在哪里？在组织行为学、人力资源管理等这些上百年经典的学科背后，会隐含着哪些颠覆式的转变？

工业文明时代所造就的管理逻辑，从根本上是提高战略目标实现的概率，我们分解目标、设定规则、通过流程的监控和对结果的考核来提高目标的确实性，这是这个时代管理活动的核心内涵，也是管理者本人最为核心的价值所在。而当越来越多的工作任务由机器人负责完成时，管理者的工作重点由提高管理的确定性，转向为解决不确定

的问题；而那些确定性的问题应当交由算力、算法来完成，而管理者的工作重心开始由管理常规转向管理意外，以及管理创新。

尽管硅作为芯片本身并没有生命力，但是相对于一名杰出的管理大师、一名优秀的企业家或是职业经理人短短几十年的职业生涯而言，硅基生命毫不留情地展示出生机勃勃的发展野心。这是对于我们尊重和欣赏的德鲁克大师来说，而 ChatGPT 也许并不是这么认为的。

在不久的将来，我们能够预见到 ChatGPT 的到来可能对组织与人力资源所产生的管理逻辑的四个主要方面的变化。

（一）业务管理逻辑的转变

业务管理逻辑由处理常规转向处理意外。当业务工作由人来完成时，我们需要设定一系列的流程和制度来监控业务活动的规范并提高质量，层层管理者通过计划和考核等管理活动，在这个环节中发挥着重要的作用。一些个性化的管理方法行之有效，因为管理本身没有对错，对管理者和管理活动的一切评价都是建立在管理的效果上，让常规的工作变得更加稳定和确定。

对于管理者的任职资格条件，我们往往会挑选那些具有清晰的思路、经验丰富、勇于承担责任的经理人，并期待他们顺利，甚至超额地完成既定的目标。如果经理人能够深入地理解战略，并对工作的安排做出超前的部署来加速战略目标的实现，那么他可谓是一名难得的优秀人才，其关键特质与战略目标和组织能力相匹配。

当管理者的价值靶向不再指向既定的目标结果时，这些任职条件就不能起到雪中送炭的作用。人工智能将负责确保确定性的工作执行，我们应当寻找那些敢于创新的、把追求不寻常当作寻常工作来做的和善于处理无章可循的情况的经理人。这类经理人最关键的特质是机器人尚未学会或不能处理的，他的存在与机器人的存在具有鲜明的差异性。

（二）团队管理能力的转变

团队管理能力由监督执行转向激发创意。著名的管理学畅销书《领导梯队》阐述了一个道理：管理者与个人贡献者最大的差别是在于各级管理者是否通过管理他人、提高团队绩效和组织绩效来证实管理能力。从管理自己到管理他人、管理管理者（隔级管理）乃至管理事业部和组织，致力于提升整个团队绩效水平。尽管团队的OKR目标与关键成果法指标也很重要，但如果OKR不能建立在战略地图向价值树分解的KPI基础上，则是空中楼阁。

当团队中的常规任务逐渐被机器人取代后，《领导梯队》的各层级领导力拐点将转向如何更好地与人工智能相适配的团队管理，例如通过输入素材快速"喂养和训练"机器人、激发创意以提高人工智能的性能、减少不可控的人员管理并提高AI的服务能力、利用人工智能提供的大数据为战略提供决策支持等。

这时候，对人的监督和监管的必要性越来越弱化，诸如时间管理和沟通技巧这类通识性的初阶管理课程当然也会很重要，但如何共同领导机器人和人类，将是未来领导力中的新主题。

（三）组织管理模式的转变

组织管理模式由现实形态的组织管理转向虚实形态相结合的组织管理。在此之前，组织架构无论是直线职能制还是矩阵式、无论是以产品线划分事业部还是以地区事业部作为管理口径，组织架构的建设与落地管理均离不开对架构中实际员工的管理，这也是HRBP（人力资源业务合作伙伴）的工作重心所在。在生产资料最基本的要素中，土地和资本都是有形可见、能够准确界定和衡量价值的要素；而劳动力则是最"灵活动态"的生产要素，这项生产要素本质上不归属于企业（它只属于它自己），而且这项生产要素自己长着脚，它每天早上9点来上班、6点则离开企业，我们若想更好地管理劳动力这项生产要素则会受许多条件的限制，比如工作时间、劳动法规、企业文化的吸引等，且无法真正地打开高智力密集型员工大脑中的"黑箱"，没办法把他脑子里的思路和创意放到保险柜里锁起来。

未来，生产要素发生了重要的变化。人工智能的出现添加了"硅基劳动力"的生产要素。企业可能会更加依赖数据来进行决策。人工智能和机器学习等技术将有助于企业收集和分析大量数据，从而为决策提供数据支持。许多传统的中层管理职位可能会消失，这将导致企业组织结构更加扁平化，每一个员工都将拥有更大的自主权和创新力。传统的权力架构将退出历史的舞台，甚至消亡。

虚虚实实的组织开始闪亮全场。机器人在把人类从繁重的重复性脑力劳动中解放出来的同时，也重新塑造了组织中的权力架构。权力不再是管理的重要象征，硅基智能致力于打造科技平权，并衍生出教育平权、决策平权等理念。从对AI信仰级的认可，到重构这个世界的商业模式，或许OD岗位不适合设置在人力资源部门，而是适合立足于人机交互的视角，整合组织中的现实与虚拟元素后，为组织提出"智力资源解决方案"。

（四）价值管理理念的转变

价值管理理念由管理人的价值向人机交互的价值转变。在传统的人力资源领域中，奋斗者之歌始终贯穿价值创造、价值评价和价值分配这个闭环歌颂。我们通过战略地图、KPI 和 OKR 等手段考核价值形成的过程和结果。然后在未来，绩效经理们首先会思考一个问题：这个结果是由谁产生的？是员工还是 AI？

我们可以对员工进行全面激励，包括物质激励、精神激励、文化激励和职位激励等。但是我们并不需要对机器人进行任何形式的激励。生成式 AI 不仅改变了企业组织架构，同时降低了管理的复杂度和培训成本等，因为这些隐性的成本都是基于"劳动力"这项生产要素的不完全可控、不完全标准化的管理背景的。

生成式人工智能可以"生成"很多价值，这些价值在以往是衡量核心员工的关键绩效考核指标。生成式人工智能就像一个拥有无限想象力的艺术家，可以根据我们提供的线索创作出各种令人惊艳的作品。它利用先进的算法和技术，结合大量数据进行学习，然后根据学到的知识为我们生成新的内容。首先，它是一名勤奋的学生，通过阅读海量资料，学习各种知识，同时无须培训经理绞尽脑汁地在繁忙的工作中组织在岗员工参加学习。其次，它会在心中建立起一个知识库，就像一个丰富的图书馆，以便在需要时随时调用，因此就连培训后的作业和考核都可以免去。最后，当我们提供一个提示或要求时，它会运用这个知识库，像一个创意满满的作家，通过不断地对抗和学习，为我们创作出独一无二的内容。

原来企业里那些关键岗位、核心员工的价值被机器人进行了快速整合和迭代升级，如果这里对研发团队还沿袭着原来的 KPI，那么这位绩效经理恐怕不能跟上时代的步伐了。COE（专家中心）们开始将组织效能提升的重点放到提高机器人的工作产出和成果交付方面，以及人力资源如何更好地与硅基智力资源进行互补与互相融入。

| 第六章 |

睿正经典案例及最佳实践专业文章

一、关键事件论在金融行业人力资源管理中的应用

人才管理的核心是使人才的数量与质量匹配于组织发展的速度和方向，而在当今模糊多变的商业环境和层出不穷且难以预料的跨界挑战下，组织发展的速度不再循序渐进，组织架构与岗位设置也随着业务节奏而频繁变化，这种环境变化的加速必然对人才管理理念与工具提出新的要求。

常规的人才管理方式是在特定岗位或层级中，从绩优员工过去优秀的行为中提炼能够匹配于组织、岗位需要的稳定的人格特质，并以此为标准指引未来人员的选拔与发展。但在当前的商业环境下，这种"平面式"以岗择人的方法已经难以很好地指引未来业务与岗位的人员选拔与发展。

因此，本书提出"交互式"人才管理转型，旨在选拔或发展出能够跟随组织变化、持续保持优秀、助力战略落地的人才，不是用一套僵化的人才标准来"以岗评人"，而是动态促进"以人适岗"。

这种基于人格特质与情境"交互式"的方法，将从整体发展性的角度看人，提升变动环境下的预测与发展精准度；同时这种基于战略发展"以人适岗"的方式，不仅能够支持当下岗位价值的实现，还能

通过动态地、持续地优化与发展人才，支撑中长期组织战略实现，助力组织应对挑战、实现突变式发展。

为更好地实现"交互式"人才管理转型，本书介绍了一种新的人才管理方法论，即关键事件论，以关键事件历练链接组织与个人之间的价值传导，承载交互变量，以期对传统人才管理方式进行补充，帮助组织应对当下人才管理的挑战。平面式人才管理与交互式人才管理对比如图 6-1 所示。

常规方式——以特质论为基础，预估组织目标下对人的能力需要，找到特质匹配度最高的人，以岗找人。

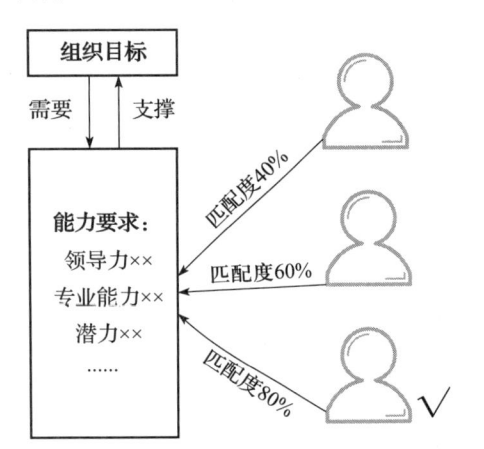

升级方式——通过人格特质和情境反应的交互作用对完整、动态的人进行管理，以人适岗。

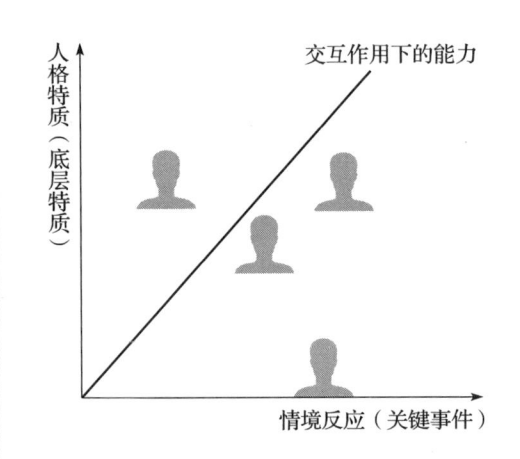

基于匹配度选人，基于提升能力发展人　　基于不同事件的拟合度选人，基于关键事件历练发展人

图 6-1　平面式人才管理与交互式人才管理对比

（一）关键事件论简介

早在 20 世纪 50 年代，美国学者 J.C.Flanagan 就提出了关键事件的概念，将对个人或组织的活动形成明显影响、产生成功或失败等结果的事件定义为关键事件[①]，通过对个人职业经历进行总结提炼，形

---

① Flanagan J C. The Critical Incident Technique[J]. Psychological bulletin, 1954, 51(4): 327.

成关键行为清单，应用在评估和培训中。后续研究者将此概念进一步细化，以便与实践应用更紧密地连接起来。他们先将事件特征予以归纳，事件趋于"挑战性""新颖性""对个人有促动成长"，并根据不同工作场景将事件分类。如表 6-1 所示，本文参考文献的核心研究成果如下。

表 6-1 关键事件论研究成果梳理

来源	事件分类
Event System Theory[1]	①挑战性的任务：岗位调动，新的工作程序，新的团队成员或结构，感知者外部的环境的一部分。 ②冲突性的事件：业务部门的重大冲突或生产期限的重要变化。 ③关键因素变化：关键供应商的破产或关键执行人员的意外死亡等。 ④某些外部或内部大型事件：大型活动、金融危机、企业破产、新的政府法规或自然灾害等。 ⑤个人特质：组织里"明星"或"战略核心"的个人的品质和工作能力带来的产出
Key Events and Lessons for Managers in a Diverse Workforce[2]	①挑战性的任务：从未接触过的新事件、扭转局面的任务、项目/临时任务导向的事件、管理范围扩大、从一线业务转移到公司员工的角色、打破常规。 ②挫折事件：事业上的失误、人岗不匹配的工作/错过晋升的机会、与同事之间相处的问题、个人创伤性事件、种族、裁员、性别。 ③来自其他人的影响：榜样、价值观、导师、同事/伙伴、培养下属。 ④其他事件：课程/项目学习、早期工作经验、工作场所之外对管理者发展有贡献的事件、获得反馈、事业成功

---

[1] Morgeson F P, Mitchell T R, Liu D. Event System Theory: An Event-oriented Approach to the Organizational Sciences[J]. Academy of Management Review, 2015, 40(4): 515-537.

[2] Douglas C A. Key Events and Lessons for Managers in a Diverse Workforce: A Report on Research and Findings[M]. Greensboro: Center for Creative Leadership, 2003.

续表

来源	事件分类
SHL Leader Edge[1]	①推动绩效：优化人才、推动创造力与创新精神、推动团队表现等。 ②引领变革：设计并推动新战略、交付快速变化的产品服务和流程、在高度不确定和不明确的环境中交付成果等。 ③风险和声誉管理：在高风险的背景下交付成果、在规避风险的条件下交付成果、在资源高度受限的情况下开展运营等。 ④交付成果：实现高利润、通过创新实现业务增长、通过提升市场份额实现业务增长等总共27项
《培养21世纪的中国领导者》[2]	①挑战性的任务：扭转局面、职位扩展和升职、新任务、组织变革、轮岗、职业转变、初做领导、跨文化经历。 ②逆境：错误和失败、冲突、管理问题下属、降职、艰苦磨炼、个人创伤。 ③个人事件：早期经历、课堂学习和培训。 ④发展性人际关系：典范人物、辅导和反馈
《CCL领导力开发手册》[3]	①挑战性的任务：扩展范围、创造变革、工作调动、作为利益相关方参与、在不同的文化中工作。 ②发展型关系：有助益的上司和主管、难相处的人、非工作指导。 ③不利处境：危机、流言蜚语、错误、职业生涯挫折 ④课程学习和培训。 ⑤个人经历：生活和工作的各种经历

综合以往研究和睿正项目实践，我们认为"事件"特指"具有新颖性、刺激性，对个人能力成长极具价值的工作事项"，也可称"关键事件"。关键事件与经历、行为、特质的区别如图6-2所示，从颗粒度来看，事件比经历更小，经历中可能包含多项"关键事件"，而为了应对工作中的各个事件，个人会展现出一系列的行为表现，这些

---

[1] SHL. Creating Successful Leaders, The Biggest Missing Factor[R]. SHL, 2018.
[2] 张毅，N. Anand Chandrasekar，魏若鸿. 培养21世纪的中国领导者[R]. 中国项目研究报告，2009.
[3] 韦尔索. CCL领导力开发手册[M]. 北京：北京大学出版社，2015.

行为存在个体差异，会导向正向、一般、负向的工作结果，而支撑个体行为背后稳定、典型的行为方式，能预测人们在长期性的、无人监督的情况下从事工作的行为，即为特质。

经历
员工过往的履历，是经验和历练的集合

关键事件
- 具有新颖性、刺激性，对个人能力成长极具价值的工作经历
- 一段工作经历可能包含多个关键事件

特质
个体具有的特征或典型的行为方式，影响个体长期性、一致性的行为反应

行为
- 个体在应对事件过程中，集中展现出有目的、有计划的行为特征
- 行为存在个体差异，会产生正向、一般、负向的工作结果

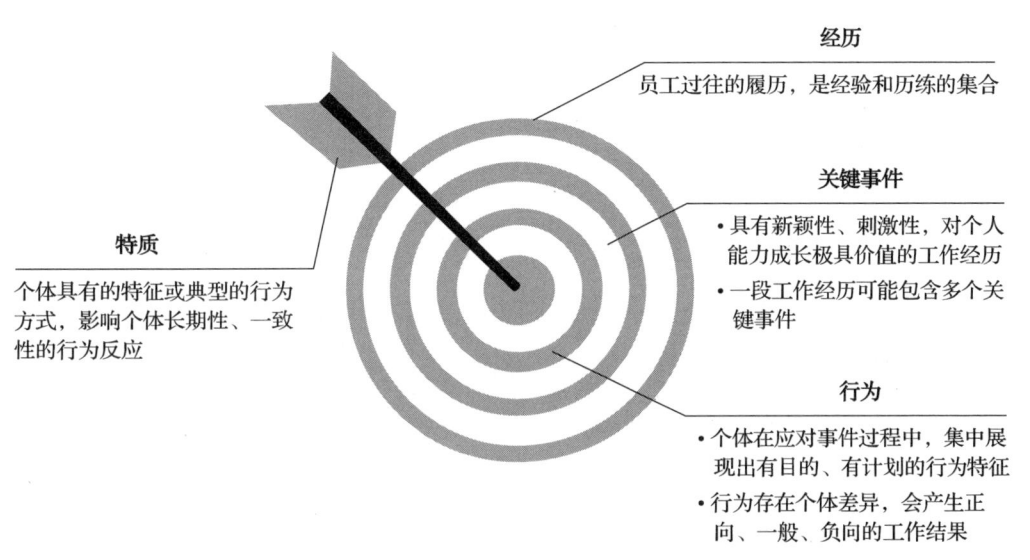

图 6-2　关键事件与经历、行为、特质的区别

组织在实践选人育人的过程中，常常通过过往工作经历来验证员工能力，通过工作内容调整来提升员工能力，也就是在选人中常看简历，在发展时常用轮岗。这种方式的前提是认为不同的岗位经历必将带给员工新的挑战成长点，即我们所提的关键事件，员工在应对这些关键事件时将极大提升个人能力，但这一美好设想在实践中产生的效果可能会不如预期。

原因在于，在多岗位历练中，有些能促进个体成长的关键事件不一定会发生。业务的稳定性越强，经历挑战的多样性与强度就越弱，经历中是否具有关键事件造成了第一层"偶然"；假设员工遇到能促进其成长的关键事件，但若在应对过程中个体敷衍了事、组织未给到相应支持，制定策略、攻坚克难、复盘反思等关键行为动作也无法确

定展现，只能依靠员工强烈的自我驱动力。经历关键事件是否推动员工成长造成了第二层"偶然"；此外，还可能会遇到一种情况，员工在经历关键事件之后确实得到成长，但若这种成长是自发的，或仅仅是与当前岗位相挂钩，而不是匹配于组织中长期发展的需要，不是组织迎接新的挑战面对新的变革所需要，那么这种成长本身的意义就大打折扣。员工成长的方向是否与组织发展方向相契合造成了第三层"偶然"。

总而言之，基于关键事件论形成的人才管理理念，与特质论、经历论在应用上高效结合，提升人岗匹配预测的精准性及人才孵育的高效度，促进组织与个人之间的动态交互、同频发展，将能够使人才管理效果由"偶然"走向"必然"。

（二）驱动金融行业管理人员成长的关键事件

关键事件论要实现相应价值，需关注两个核心要素：一是关键事件的锚定；二是事件对岗位的匹配。本书尝试构建关键事件库的分类逻辑，梳理金融行业领导力事件库，以期为落地应用提供方向。

1. 关键事件库分类

效能提升、团队管理、组织变革三位一体构成关键事件分类维度，而在正常环境、困难或危机情境、全新环境中三类事件将有不同的展现。关键事件分类维度如图6-3所示。

根据当前研究与实践，事件论在不同行业、不同发展周期的企业中的应用未见本质差别，但根据企业特性不同所选取的关键事件、应用过程中实操方法的侧重点有所不同，实践中还需根据企业特点、人员群体特征与组织文化进行灵活变化。

图 6-3 关键事件分类维度

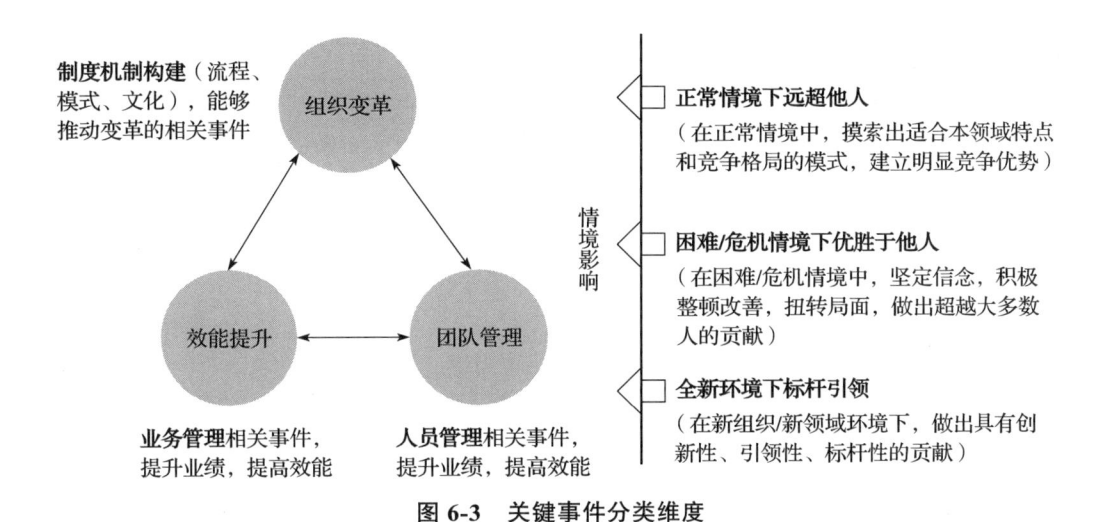

2. 金融行业领导力关键事件库

金融行业是一个快速发展的行业，行业扩张与裂变的速度一直居高不下，呈现出突破性发展、不确定性发展、弯道超车式发展的特点，这些特点也衍生出行业内诸多挑战和变化，基于战略变化，管理者需应对的关键事件与之对应。

由此，基于文献研究及沉淀多年的金融行业洞见，结合以关键事件论为方法论开展的项目沉淀，访谈多位行业专家，睿正提炼出驱动金融管理人员成长的关键事件，形成管理人员事件库及专业人员事件库。金融行业领导力关键事件库如表 6-2 所示。

表 6-2 金融行业领导力关键事件库

事件类别	事件名称
效能提升	在传统业务中培育出新增长点，实现突破
	……
	……
团队管理	扭转能力不足、质量不佳或内部不和谐团队
	……
	……

续表

事件类别	事件名称
组织变革	基于重大市场环境变化,设计/再造新的业务运作模式
	……
	……

(三)关键事件论在金融行业人力资源管理中的应用

关键事件论人才管理方法如图 6-4 所示,从企业战略目标和文化价值观出发,推导出企业绩效要求,落实到个人绩效要求,员工为实现个人绩效要求,需匹配相应的经历、关键事件、关键特质,过程中贴合组织战略、深入业务端,由业务管理者深度参与,在组织中形成"以事引人、以事评人、以事育人"的人才管理氛围,加速业务管理者、HR 角色转型,推动人才能力和组织能力发展。

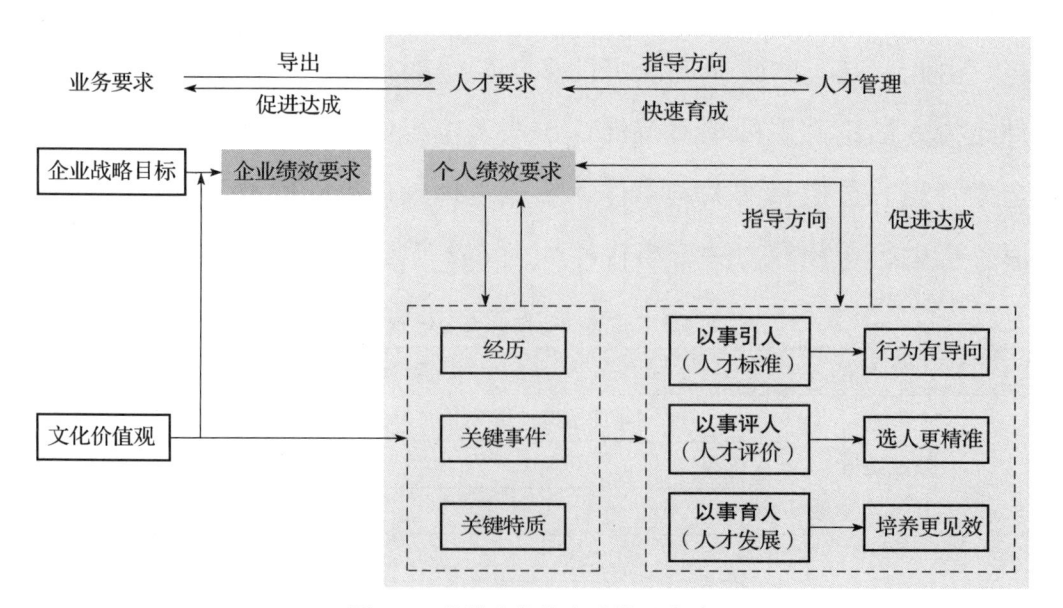

图 6-4 关键事件论人才管理方法

1. 以事引人：关键事件牵引行为变化，让"知行"更合一

过往企业在评人选人时，往往需要考察人员胜任力和过往经历，分析人员与目标岗位的匹配度。由此，员工会有意识地进行对标，这在无形中牵引了员工的职业发展方向。

传统做法在牵引行为改变时，可能会遇到一些困难。一方面，基于经历对标时，组织可能较难给予足够的资源支撑。比如需要岗位经历多样性的话就需要轮岗，但这一管理动作较大，员工不一定能获得相应机会。另一方面，基于胜任力对标时，若未有专业人士对胜任力模型进行宣导和解读，员工较难抓取关键点，难以与自身所处业务场景、工作挑战直接相连，这样也不利于行为转化的发生。

相比于传统做法，关键事件论在牵引行为改变时更具可操作性。基于关键事件萃取的角色画像能够紧密结合业务挑战场景，直接定义业务场景下所需要的行为，给予员工相对明确可操作的方向指引，通过关键事件历练、复盘等一系列方式驱动自我的高效发展，实现行为牵引的精细化提升。

2. 以事评人：关键事件评估人才，更前瞻、落地、精准

（1）面向未来，更前瞻。

组织发展是一个动态的过程，时常会面临新的业务领域，或横跨新的业务方向或岗位，在这种动态发展过程中，会遇到较多过往工作从未遇到过的情景，如果单纯应用特质论，绩优行为提炼困难成为难以回避的问题。而通过提炼目标业务领域、目标岗位上所将面临的核心工作挑战事件，如"组建新团队""宣贯文化理念"等，建立核心事件库，再匹配候选人过往经历中的核心事件，匹配分析相关事件的相近度与完成度，并结合关键特质评估工具，将会实现人才的动态定位与精准预测。

（2）"就事论事"，更落地。

以往胜任力模型是人才能力的高度提炼，较难直接贴近业务，而用"事件"的方式去构建标准往往能与业务走得更近，更具战略业务场景性，"就事论事"的评估过程中促发业务管理者对事件本身的兴趣，能帮助其跨越人力资源专有名词的"门槛"，从业务需求出发进一步询问行为、挖掘细节、印证结果，自动自发完成行为面试过程。

对比经历评估，事件评估指向性更强、更具体，避免了有些员工"经验多、价值少"的低效积累，经历之中真正影响个人成长的是一个个具体事件，需要通过履历深入具体事件。

总的来说，关键事件与业务的联系更密切，兼顾精准性与操作性，业务部门更容易理解，特别对于专业岗位人员的预测与培养工作，能够较好地促进落地实施，将专业人员的管理与发展融入日常管理机制，直线管理者将不再缺位。

（3）"匹配度"与"准备度"结合，更精准。

特质论与事件论各有优劣。在人才评估上，特质论评价方法关注人员基于岗位需要的特质（胜任力），不同岗位胜任力要求不同，胜任力评估与目标岗位胜任力模型拟合度越高，说明人员在该岗位上的匹配度越高，即特质论评估输出"人岗匹配度"的结果；关键事件的评估方法则更关注岗位的业务需求、人员是否经历过相关的关键事件，经历过这些事件的人员更可能在应对目标岗位的业务挑战时更有经验、更轻松，因此关键事件论评估更多输出的是"人岗准备度"的结果，将两种方法有效地结合应用能提升评估精准性。

（4）基于关键事件的人才评估实践案例。

某商业银行总行为全面推进改革转型，提出了提高人才选用质量、优化人才队伍结构、强化人才储备培养的整体要求，在管理层要打造一支"想干事、能干事、干成事"的干部队伍，在专业人员层要"能者进，不能者退"的职级评定。此项工作有以下三方面的挑战：一是选拔难度更大，本次干部选拔坚持以更宽的视野发现人才，既考评干部未来的发展潜质，又能看到干部过往的实干实绩；二是如何对内部管理者高效赋能，项目涉及面广，需要"扶上马，送一程"的全面赋能，促使组织各部门持续性开展工作；三是如何提升业务部门参与度，特别是在职级评定工作中，业务部门的参与深度和质量，将是成败决定的关键。

围绕项目目标与挑战，睿正主要做了以下重点工作。

第一，以关键事件论为基础，双方共同开发人才评定工具，以关键事件产出进行人员评价，以战功论结果，以行为论能力。

如表6-3所示，在管理人员选拔中，梳理并提炼"在劣势领域、艰苦地区打翻身仗"等五大关键历练事件，后备干部要结合关键绩效事件标准进行举证，突出业务推动、改革转型等实绩。在专业人员职级评定中，除了明确各职级基本条件与绩效标准要求外，梳理各序列各层级的价值贡献要求（核心绩效事件），以事评人，由部门结合价值贡献标准进行评分，最终得出部门内排序。专业人员价值贡献事件举证如图6-5所示。

表6-3 管理人员评价关键事件回顾表单

关键事件			
工作场景	在艰苦地区、困难机构"打翻身仗"		
事件名称			
发生时间			

续表

证明人及联系方式	上级	同事	下属
	×××/手机		
事件背景与核心挑战	(包括但不限于事件发生地点、处于的角色、参与人员、事件发生的原因及难点、个人主要任务)		
事件过程	(我在事件中的具体行动,包括每个环节主要做了什么、怎么做的,请详述)		
关键行为	关键行为一	(请主要围绕本人"我"的所思所想所做所感,而不是"我们";请描述"已经发生的行为",而不是"假设的行为";请描绘"清晰且具体的行为",而不是"模糊、对象不明确的行为")	
	关键行为二		
	关键行为三		
事件结果			
我的核心贡献			
我的反思总结			

候选人基本信息				价值贡献举证					价值贡献得分	部门内排序
				关键事件1:精细化管理体系搭建(举例)			关键事件2:数据人才培养(举例)			
序号	姓名	申报级别	现岗位	工作/项目名称	承担角色	主要贡献	工作/项目名称	承担角色	主要贡献		
1											

评估标准				打分尺度	
主表:价值贡献(关键事件)				等级定义	得分
专业价值贡献	中级	高级	资深	超越期待	7
				完全符合	4
辅助解释1:业务释义表				部分符合	2
专业贡献项	内容	定义	举例	未展现	1

辅助解释1:业务释义表						
专业贡献项	内容	定义	举例			
			部门1	部门2	部门3	部门4

辅助解释2:定量指标表				
定量指标	对应部门	举例		
		中级	高级	资深

图6-5 专业人员价值贡献—事件举证图

第二，带动全行各部门参与，进行组织内部各层级人员的赋能。

在本项目中，睿正通过层层递进的方式，实现了组织内部赋能的目标。首先，剥离抽象的人才特质，用关键绩效作为评估抓手，不同于往常听述职看绩效打分，也不同于过往看行为再转化为打能力分，每一层的转换如果工具应用的专业度不足都会影响信效度，而这种直观生动的用事件评估与打分，以事件选拔人才，以战力论英雄，业务部门便于理解、深入认同，能够操作。

其次，运用了一系列的工具，含各类研讨、表单、培训等形式，组织参与评估者与业务部门充分沟通，深入思考，增进直线管理者对人才管理工具的掌握，揭开人才管理的面纱。

最后，为带动全行各部门积极参与，还制作了各种形象化的宣传推广材料，包括介绍手册、视频动画等，调动业务部门的投入热情，让参加评估人员对于整体工作有系统科学认知，从而实现组织上下共同配合，将庞大的人才管理工作从人力资源部的压力转化为全行积极响应参与共进退的整体项目。

第三，通过"共同开发，我做你看，你做我帮，独立实施"四个阶段的工作，实现人力资源部从辅助实施到独立实施再到独立开发转变，内化理念、工具与方法，彻底实现自立化。

在干部选拔与任职资格评估的过程中，为了实现内化及中长期组织内部人力能够独立实施的目标，在整体方案设计、工具开发，甚至内部组织协调、安排等全流程各环节中，均采用双方共同完成。在实施任职资格评估阶段，均是睿正先评估，该行业务部门领导观摩，然后业务部门领导实施评估，睿正顾问指导，直到可以独立实施评估。由于是以关键绩效事件为评估点，业务部门的认可程度较高，理解充分，便于应用，从而取得了工具清晰、内部认可、全员参加、积极热情、技能内化的成效，保障了内部良性运转，推动项目走向自立化。

3. 以事育人：战略业务为载体培养人，促进"人事"共成

（1）胜任力与关键事件相结合，双提升。

基于经历的培养有其本身优势，但存在周期长、成本高、风险大、操作难等不便性，而关键事件指向性更强、事件更具体，所以培养更精准，操作难度也较小。资源受限时，可优先基于关键事件"以事育人"；资源较为丰富时，对于关键岗位的人才培养，可结合经历和关键事件，两者取长补短、互相结合。基于胜任力模型的培养，由于胜任力是高度提炼的，在培养落地时会存在效度和场景应用不确定的问题，而"以事育人"则能直接贴近业务，落地实际问题的解决。

在培养中，我们既要关注人员的胜任力，也需关注其经历的关键事件，基于战略要求，复原促进业绩提升的胜任力和关键事件，加强任务锻炼的作用，规定核心动作，匹配合适的课程和任务类型灵活任务场景和具体指标，提升导师辅导能力等手段，把人才培养嵌入业务，使人才成长"由偶然变为必然"，促进组织批量标准化培养人才，实现人才培养与商业结果同步提升。

（2）基于关键事件的人才培养实践案例。

某国属大型金融保险公司为了吸引优秀人才，保障持续的人才供给，加快高潜人才的孵育速度，历年均有实施管理培训生计划，但在以往实施过程中，暴露出以下问题：一是如何挑选出最具潜力的精英式管培生；二是过往传统的轮岗培养方式，缺乏明确的锻炼性任务分配，有轮岗历练但成长较慢；三是导师的价值未能充分发挥，导师或时间有限，或者有心无力，辅导精细度不易控制；四是培养的过程不易监控,培养的成效难以评估。

为了优化管培生的管理,睿正运用高强度选拔+关键事件历练+导师深度辅导的方式进行管培生培养,具体项目重点如下。

第一,通过短时间、高强度的选拔计划,聚焦管培生的潜力识别。初期选拔管培生,采取情景模拟任务的选拔晋升模式,通过生动有趣的团队任务,在短时间、高强度的任务中最大限度激发学员潜能、突破自我、展现能力,业务领导和外部顾问共同评价,根据综合排名进行选拔。管培生选拔项目安排如图6-6所示。

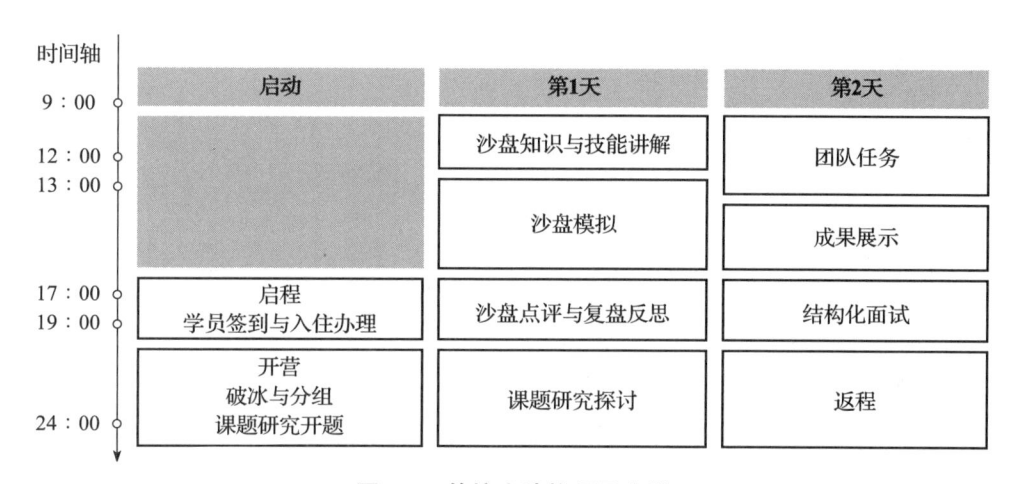

时间轴	启动	第1天	第2天
9:00		沙盘知识与技能讲解	团队任务
12:00			
13:00		沙盘模拟	成果展示
17:00	启程 学员签到与入住办理	沙盘点评与复盘反思	结构化面试
19:00			
24:00	开营 破冰与分组 课题研究开题	课题研究探讨	返程

图6-6 管培生选拔项目安排

第二,运用关键事件法促进潜能的短期激发。结合企业战略文化方向与人才理念,根据目标发展要求,提炼能够激发管培生潜能爆发、突变式发展的核心关键事件,明确事件历练在不同轮岗历练中的节奏安排、经历方式、复盘反思与沉淀内化的整体培养方案并推动实施,从而有效地实现"从偶然到必然",通过精准历练,高效促进人才成长发展。

第三,开发并赋能导师在关键历练中的复盘辅导计划与工具。为实现导师有方法、有标准、有督促地进行管培生的辅导与反馈,睿正开发了管培生成长 IDP（个人发展计划）及具体的反馈盘点辅导方式，提升导师辅导的成效，最大化发挥导师的价值。管培生成长 IDP 如图 6-7 所示。

个人发展计划

个人发展计划（Individual Development Plan）是一种帮助员工明确职业发展目标、促进行动落实的有效工具。发展计划是有明确发展目标、完成节点及衡量标准的一组提升能力的过程。本计划由学员本人在导师指导下共创完成，并进行定期评估和更新。

个人姓名	主管导师姓名
人力辅导员姓名	日期/版本

第一部分　个人现状——"在哪里"

1. 主要优势（请写下你认为自身可以继续保持的 3 项主要优势） 　① 　② 　③
2. 待发展领域（结合当前和未来发展，列出 3 个重点提升的方面） 　① 　② 　③

第二部分　N 计划发展目标——"去哪里"

个人发展目标——软性技能（基于对自己未来职业生涯的思考，在 N 计划期间重点聚焦的发展领域在哪里？有哪些重点能力和行为需要去发展？）

需获得的工作历练/职业经历方面	① ② ③
需完善的知识技能方面	① ② ③

图 6-7　管培生成长 IDP

第四，全程跟踪陪伴，利用内外部导师联合的方式陪伴学员成长与发展。在为期两年的培养过程中，睿正顾问全程陪同，以内外部导师联合辅导的方式，持续进行跟踪、考核与反馈，便于及时调整管培生发展目标并给予工作指导，同时与人力资源部共同承担设计者、监督者和协调者的角色，协助导师促进学员成长提升。项目持续辅导安排如图 6-8 所示。

轮岗与集中培训期间全程配内外部导师，持续进行跟踪、考核与反馈，及时调整发展目标并给予工作指导

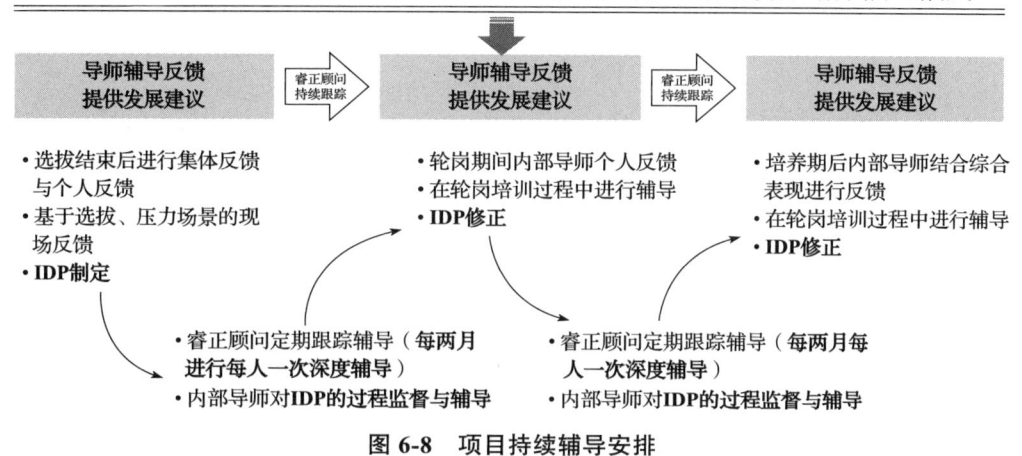

导师辅导反馈 提供发展建议 →（睿正顾问持续跟踪）→ 导师辅导反馈 提供发展建议 →（睿正顾问持续跟踪）→ 导师辅导反馈 提供发展建议

- 选拔结束后进行集体反馈与个人反馈
- 基于选拔、压力场景的现场反馈
- IDP制定

- 轮岗期间内部导师个人反馈
- 在轮岗培训过程中进行辅导
- IDP修正

- 培养期后内部导师结合综合表现进行反馈
- 在轮岗培训过程中进行辅导
- IDP修正

- 睿正顾问定期跟踪辅导（每两月进行每人一次深度辅导）
- 内部导师对IDP的过程监督与辅导

- 睿正顾问定期跟踪辅导（每两月每人一次深度辅导）
- 内部导师对IDP的过程监督与辅导

图 6-8　项目持续辅导安排

在此项目中，在短时间通过高强度的任务锻炼最大化地激发了学员潜力，同时促进了为期两年的管培生培养有序开展。

（四）总结

综合上述的应用方向和案例，本书总结了特质论、事件论和经历论各自的应用方向和差异点，如表 6-4 所示，以下通过进一步清晰各个方法之间的差异，辅助各项方法更好落地实践应用。

表 6-4　特质论、事件论、经历论对比分析

	特质论	事件论	经历论
关注点	关注个人、团队，组织和环境的稳定属性，探讨当前特质如何影响后续绩效表现	关注"事件"对于行为和特征的塑造改变，动态看待人和组织的状态	关注个人过往的经历与目标岗位间的匹配，以职业经历预测岗位匹配度，以职业经历历练促进人才发展

续表

	特质论	事件论	经历论
构建标准	结合目标岗位、层级绩优员工与普通员工之间的差异，提升所需人才胜任力标准	根据目标层级、岗位工作综合信息，提炼核心挑战，匹配有助于促进岗位价值实现的关键事件	结合目标层级、岗位的工作内容，梳理过往候选人应当具备的职业经历
评估应用	通常通过测评、民主评议等来评估候选人的胜任力情况	通过行为事件评估法，匹配候选人过往特殊关键挑战事件与目标岗位、层级的核心挑战之间的拟合度与预测力	将候选人过往的职业经历与目标层级、岗位所需的经历进行对应
发展应用	针对不同人员设置不同的知识技能与能力要求，通过学习培训等方式进行提高	通过安排实际工作中的关键性挑战事件，进行能力培养，并在关键事件后进行"复盘巩固"	通过轮岗、调任等方式，丰富候选人的过往经历，在经历中促进候选人的综合提升发展
应用关键点	人才管理成熟度高，需要一定周期培育实施人员，特别是业务部门管理者；业务稳定性较高	关键事件的提取、实施与复盘；在人才评估中与特质论组合应用	经历有效，涵盖能够促进人员能力与岗位需求之间匹配的相关挑战

值得注意的是，人才管理的目标不是做一道非 A 即 B 的选择题，更没有标准答案，而是要结合企业的综合背景信息，包括所处行业、企业发展周期、企业人才成熟度、直线管理人员的人才管理能力等，将多种人才管理方法论进行组合应用，这才能真正实现企业人才管理对业务的高效能支撑作用。

关键事件论开始了蓬勃兴起的应用之潮，但是当前相关应用实践与积累数据仍不足。在未来，仍需有更大量的数据积累与实证探索，从而更精准地定位基于关键事件论的人才管理相关方法论，助力企业人才管理。

二、岗位价值评估发展历史及其当下应用难题与解决思路

（一）岗位评估是什么

"工作评价可以定义为：是对工作进行研究和分级的方法，以便为合理的工资结构奠定基础。它关心工作的分类，但不去注意谁去做这些工作"（联合国国际劳工组织职工教育读本，1991）。

在实际操作中，由于组织和岗位千变万化，我们必须用"权变"的眼光来看待岗位价值评估工作。权变需要正确看待所在企业工作岗位的性质，到底是知识型工作居多还是机械型工作居多？组织架构与岗位设置是经常变化需要留有弹性空间，还是处于相对稳定状态？组织规模大小如何？组织市场化程度如何，更关注内部公平还是外部市场对标？这些因素都会影响后续操作方法的选择，而不是生搬硬套。在下文中，我们将展开描述岗位价值评估的前生后世，以及在实际操作中不同情况下的权变调整思路。

（二）岗位价值评估经典工具技术

很多人误以为岗位评估等于要素或因素计点法，而实际上，这只是岗评工具中的一个分支。从19世纪80年代早期至第二次世界大战结束后，这项技术逐步定型，共分为两套体系。基于报酬因素的工作评价方法和基于工作整体为目标的工作评价方法，如表6-5所示。

表6-5 工作评价方法

分类	评价方法	
基于报酬因素的工作评价方法	描述性要素法	职位分类法
		时间跨度判断法

续表

分类	评价方法		
基于报酬因素的工作评价方法	描述性要素法	宽带法	
		广义分类法	成熟曲线法
			频度分配法
	因素计数法	要素比较法	—
		计点要素比较法	通用计点
			行业计点
		要素指导剖面图法	通用计点
			行业计点
	替代薪酬要素法	计分问卷（PAQ/MPAQ）	
		组合法	
		职位描述问卷（MPDQ）	
基于工作整体为目标的工作评价方法	排序法	简单排序法	
		交替排序法	
	市场定价法	—	
	市场定价指导线法	—	
	职位分类法	预先分级法	
		行业内外靠近法	

（三）岗位价值评估困惑

1. 知识性工作的崛起让岗位管理中人员要素的影响越来越大

在智力密集型企业中，知识性工作为主，"干什么"重要，"谁来干"更重要。而岗位价值评估传统一直强调"不考虑在岗人员的因素，抽象评价岗位价值"这个观点，在知识性工作中显得缺乏根据和苍白无力。企业中同时包括机械性和知识性两种工作体系，不能一概而论。知识型工作的崛起如图6-9所示。

1880年代的工厂
几乎全部为生产和后勤工作

知识工作
（有机的工作体系）
生产工作
（机械的工作体系）

汽车配件制造商
大部分为机械和后勤工作

知识工作
（有机的工作体系）
生产工作
（机械的工作体系）

独立的HR咨询顾问
几乎全部为知识和服务工作

知识工作
（有机的工作体系）
生产工作
（机械的工作体系）

软件设计企业
大部分为知识和服务工作

知识工作
（有机的工作体系）
生产工作
（机械的工作体系）

图 6-9　知识型工作的崛起

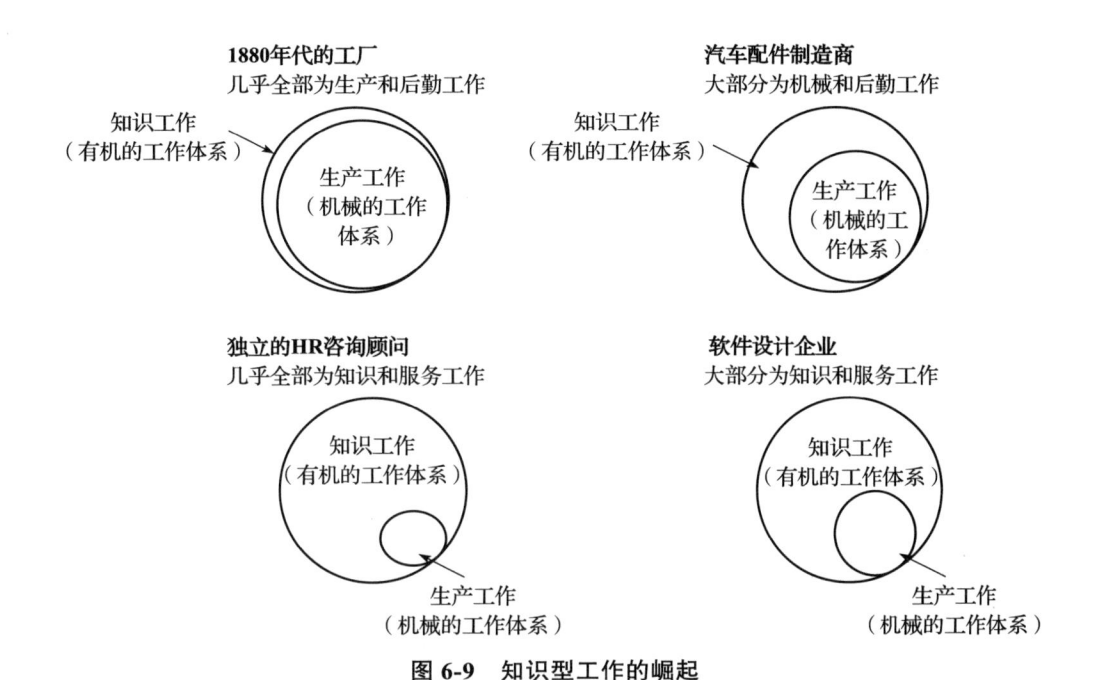

2. 价值评定的两个视角

如表 6-6 所示，价值评定分为"市场决定论"与"内部决定论"两个视角。岗位价值评估传统上主要用于解决内部公平问题；而随着人才市场开放流动程度越来越高，很多企业必须紧跟市场价位，所谓的内部公平一次次被外部市场供需关系冲击。而从内部来说，"同层级管理岗如何拉开差距，应不应该拉开差距"，这又是中国企业特别是国有企业通常面临的大难题。

表 6-6　价值评定的两个视角

市场决定论	内部决定论
如果职位内容的某一方面，如工作条件，与外部劳动力市场所支付的工资无关，那么，这一方面内容就排除在职位评价之外；职位内容的价值是以其在外部市场上所能获得的价值为基础的，它没有固定的价值	海氏评估法的职位评价方案设计者认为，方法是独立于市场的，而且可以促进形成只为内容定价的合理决策基础；职位评价是根据职位本身的内容来确定其相对价值，与市场无关

3. 即使在职位评价技术与结果表面的有序之下，也有很多的混乱，受到很多质疑

在职位评价技术与结果之间，表面的有序、科学之下，存在着很多的"似是而非"，受到很多质疑。如表6-7所示，在很多组织中，岗评过程因为无法达到这些近乎完美的假设，最终在实际推行中，变成了"走形式"。我们应从什么角度出发，以及如何去度量？是岗位价值评估错了还是我们没有真正理解它？抑或时代在抛弃它？

表 6-7 对职位评价的不同理解

职位评价的定义	假设
职位内容的度量	职位内容有固定的价值，独立于外部市场
相对价值的度量	相关群体对相对价值能够达成一致的意见
对职位本身的评估	必须脱离对任职者的讨论，抽象出岗位
是否存在足够客观精确的度量方法	准确的工具可以提供客观的度量
鼓励谈判还是集中运作	在社会性、政治性过程中注入理智因素，确定游戏规则，鼓励参与

（四）解决思路

1. 岗位价值评估的四个基本出发点

如表6-8所示，岗位的价值衡量方式离不开对以下四个方面的讨论，而不同的岗位类别由于工作本质的差异，对四个要素的关注度不同。在漫长的时间里，企业创造价值的方式不断变化，经历了不同的四个发展阶段。

表 6-8 岗位价值评估的四个方面

方面	派别	关注内容	适用类型
工作投入	能力管理派	人力资源稀缺程度	知识型工作

续表

方面	派别	关注内容	适用类型
工作过程	科学管理派	操作要求	操作技能类工作
工作产出	目标管理派	工作结果	产出标准易衡量的工作
群体协作	质量与流程管理派	群体协作效率	管理类、知识型工作

2. 三类岗位差异化视角

各类工作特点不同，建议区别对待。如表 6-9 所示，睿正归纳总结了三类不同岗位在实际过程中的关键点。如果将三类岗位的差异化处理方式延展到国家宏观人力资源管理的视角，我们也能看到很多类同之处；公务员（管理类）、技术干部（专业技术类）、工人（技能操作类）的管理机构不同，评价的着眼点不同。

表 6-9 不同的职位的关注点、职位标准界定和价值量化评估方式

类型	管理类	专业技术类	技能操作类
人和职位的关系	级别配人，职等配岗，整体统一	人不离岗，人即是岗，弹性有机	以岗定人，精细标准
核心关注方面	• 工作产出 包括：组织绩效目标、组织能力提升目标 • 群体协作 包括：责任影响、控制、协调	• 工作投入 包括：知识、技能、能力要求，强调稀缺程度、培养难度 • 工作产出 包括：项目类、日常类	• 工作过程 包括：操作负荷、技能培育难度与周期、安全健康环境等 • 工作产出 包括：清晰的产出要求
职位价值量化方式	• 职位职等分类评估法为主 • 同级分类为辅，不同等级企业间引入明确规模、人数要素拉开 • 机关业务、职能类真正的差异在于激励关联弹性（产出）和市场定位（投入），而不追求强行拉开	• 因素评估法（专业类） • 留出弹性、有机创造空间 • 强调产出效果，不单纯追求产出数量	• 因素评估法（技能操作类） • 量化操作过程 • 产出方面，强调数量性结果（符合标准前提下）

续表

类型	管理类	专业技术类	技能操作类
"纲举目张"过程中的作用及其与人才队伍发展的链接关系	• 作为全部职位的纵向分级标杆，连接锁定专业与技能操作类关键岗位	• 连接现有的专业高层次人才发展通道，锚定层级定位	• 与现有的业务流程操作标准对接，归类分层形成内部"技能等级"

国家人员类别及管理机构类比如表 6-10 所示。

表 6-10　国家人员类别及管理机构类比

公务员体系	技术干部体系	工人体系
组织部	科技部	劳动部、人社部
干部处	人才、科技	劳组处、鉴定中心
责任与结果驱动	能力驱动	结果驱动

3. 职位管理整体趋势

与此同时，职位的划分也从碎片化点状岗位走向系统化，从窄幅点状岗位设计走向"点线面"一次性串联设计，职位体系、职位价值评估与人岗匹配、人才队伍建设衔接；不同的企业，知识性和机械性岗位占比不同，适用的方法不同。职位划分示意如图 6-10 所示。

4. 不同类型企业差异化视角

如表 6-11 所示，如果按照规模与市场化两个维度进行分类，可以大体分为以下四类，运用不同的岗评工具。特别需要指出的是，在大中型企业内部，报酬拉开不能仅依靠薪酬等级差异，建议不同的薪酬策略，分类设计不同的薪酬曲线和薪酬结构，而不是将拉开差距的大部分压力都体现在等级上。例如销售类岗位，强调结果挂钩，收入

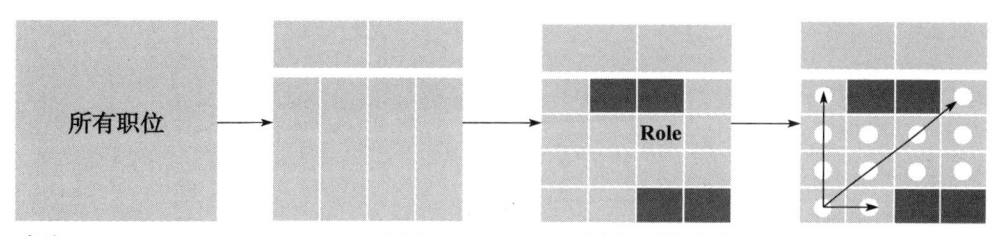

备注：

1. 为避免概念混乱，此处认为职位=岗位=Job。
2. 所有的分裂都必须符合实际劳动分工细化和固化的要求，没有一定之规。

Step1：划分

通道（管理类、专业类、技能操作类），并细分为大（职类）、中（职群、序列，Job Family）、小（职种、子序列，Job Subamily），但子序列在高层级或一些序列的入门级都能进行合并。

例：人力资源序列、子序列包括薪酬、绩效、培训发展等，但在高层级进行合并要求通才。

Step2：划分序列层级角色及要求，对应职级

同时明确对工作任务与人的双向要求，根据情况进行价值评估，区分高点起点，不同职级我们定义为不同的层级角色（Role），同一个Role应该具有同样重要的工作要求，同级（Role）关键岗位可以作为代表进行价值评估。

例：高级薪酬经理，属于人力资源序列。

Step3：路径规划

同一个层级角色（Role）里面可能包括众多职位（Job），一个职位里面有众多任职者（Position在很多理论里面就是岗位，但也有说法Position是一人一编一Position，本书采信这个说法避免混乱），需要根据实际情况设计，对于知识型、管理型工作来说，留有弹性空间，宽幅设岗是非常必要的，这时候的Role就替代了Job，从职位分析与设计走向角色设计，例：高级薪酬经理分裂为系统薪酬岗和员工薪酬岗。

图 6-10 职位划分示意

表 6-11 岗位价值评估经典工具技术对不同市场化程度和规模企业的适用

类别	市场化程度中低等	市场化程度高
大中型企业	定义不同薪酬策略 区分不同激励模式 挂钩不同薪酬曲线 统一岗位薪酬等级 （报酬因素评估法为主）	定义不同薪酬策略 区分不同激励模式 挂钩不同薪酬曲线 统一岗位薪酬等级 （市场定价指导线法为主）
小型企业	内部统一等级 （排序、交替排序法）	核心序列统一等级 辅助岗位点状处理 市场导向为主完成价值评定 （市场定价法为主）

弹性大，低级别的可以通过创造突出的业绩来获取更高的收益，完全可以最终拿到远超其他同级别人员的薪酬回报；专业类岗位充分考虑

人员能力因素，淡化岗位色彩，宽岗设计，将人员因素和岗位因素结合，鼓励通过专业能力的不断提升获取更优渥的报酬。

5. 超大型集团工作推进方法

除了三支队伍分类管理外，规模越大多元化越强，管理难度越大。如图 6-11 所示，超大型多元化集团的岗位管理应分层级授权，在统一步调下，因地制宜地推进岗位评价工作，把握共性与特性，对接好后续的职数、人员配入、薪酬对接等工作。

统一步调		因地制宜
1. 统一职位大类，明确不同类型之间的异同与指导思想。 2. 统一基础等级，界定职位大类之间起点和终点的高度建议水平。 3. 统一典型管理岗位分级分等范例，提供纵向标尺。 4. 统一关键专业层级要求，尤其是高层级职位，需要有明确的标准要求，避免尺度不一。 5. 统一高端职位管理，分层授权职位认定、数量审批、人员的认定机制，并落地操作部分关键岗位	→《指导意见》《操作手册》 ←《案例总结》经验分享	1. 横向切分因地制宜，包括中类、小类划分方式，一个层级角色内的职位划分方式等。 2. 纵向对齐因地制宜，关键岗位对齐，不需要过多等级的企业可以空格跳跃或留白、融合。 3. 标准细化因地制宜，包括职责的组合、人员要求等。 4. 应用对接因地制宜，不同企业原有体系成熟度不同，除了基础的职级职等、基础工资等，建议根据具体情况，主要采用代表性企业经验分享的方式推动实施落地。 5. 初中级人员配入操作各地因地制宜，自行开展

图 6-11　岗位管理建议

综上所述，在中国企业推进岗位价值评估时，存在五大误区，睿正基于这些问题给出以下建议。

（1）五大误区。

一是三类岗位机械采用同一种职位分析与评估方法，脱离客观价值创造真相。

二是知识型工作"窄幅设岗",弹性差,界定过细,管理难度大,跟不上变化,费大力气开发,很快束之高阁。

三是技能操作类缺乏精细化管理的支撑,衡量与评价缺乏依据,不能更好地支撑劳动效率与工作质量提升。

四是管理类没有综合运用差异化多样激励手段,将过多压力集中在岗级差异,操作难度大,不了了之。

五是后续的衔接应用跟不上,基础工作量大而看不到成效,挫伤信心。

(2)操作建议。

与之对应,睿正也给到以下四方面操作建议。

一是实事求是:根据不同的岗位特点和价值创造方式,明确原则与方式方法,不一刀切,充分反映核心本质差异。

二是连接发展:自上而下建立职位序列与角色层级、职位、人员一体化的体系,宽幅设岗,对接人才队伍评定与培育发展。

三是多种手段拉开差距:不同类型工作(管理、销售、技能等)建立不同的市场定位、薪酬结构与奖励弹性要求,不将所有拉开内部差距的压力都放在岗位价值评估上。

四是平衡操作成本与效益:不追求过度精细化,留有弹性空间,从"设计"走向"设计+实施",快速见效,坚定信心。

三、员工职业发展双通道设计

企业员工职业发展双通道是指不同于传统的仅以管理层级晋升为方向的单一发展通道,而是增加了专业序列条线发展规划的双发展通道。之所以要建设双通道,是由于某些企业中对于专业技术价值重视度不够，为管理岗位提供了更多的职权、更优厚的待遇，企业员工均以少数的管理岗位为晋升目标，员工不愿长期从事专业技术岗位，导致"千军万马过独木桥"的现象出现，致使专业技术员工成长空间受限，人才流失或价值无法充分发挥。有些企业着手进行专业技术序列发展通道的建设，以打造企业员工职业发展的双通道，为员工成长发展提供更大空间、更多可能。

（一）职业发展双通道设计的理论基础是什么

双通道的理论基础，主要来自管理幅度理论、领导力梯队理论和激励期望理论。

一是管理幅度理论，当管理幅度以算术级数增加时，管理者和下属间相互交往的人际关系数量可能将以几何级数增加。最有效的管理幅度是 6~8 个人，以此推测，一家 1 万人的企业最合适的管理层级应该有 6 层，当企业规模达到 100 万人时，相对应的是 9 个层级的管理层级。

二是拉姆查兰的领导梯队理论，企业从员工到最高管理者，有 6 个管理层级，在每个拐点上会经历转型挑战。

既然已经有了管理层级，那么为什么还要设计专业技术通道呢？美国著名心理学家和行为科学家维克托·弗鲁姆 1964 年在《工作与激励》中提出了激励期望理论。用公式可以表示为：

$$M = V \times E（激励力量 = 目标效价 \times 期望值）$$

其中：M——激励力量，是直接推动或使人们采取某一行动的内驱力，是指调动一个人的积极性，激发出人的潜力的强度。V——目标效价，是指达成目标后对于满足个人需要的价值的大小，它反映了个人对某一成果或奖酬的重视与渴望的程度。E——期望值，是指根据以往经验主观判断能够达成目标并能导致某种结果的概率，是个人对某一行为导致特定成果的可能性或概率的估计与判断。

员工在企业中努力达到一定目标绩效，当目标绩效实现，员工希望能够得到能满足自己某方面需求的奖励，这种奖励既包括物质上的，也包括精神上的。对于做专业技术的知识分子来说，除了金钱以外，当不追求管理职位时，自然希望通过职级、职称、福利等形式体现出这种奖励。

（二）做专业技术序列时，纵向切分应该粗一点好，还是细一点好

做专业技术通道时，涉及专业技术序列的划分问题时，若划分得过细，则操作成本较大，且与岗位管理重合，也不便于员工的流动；划分得过粗，则不利于任职资格标准的建立。

在划分序列时，可遵循三个基本原则：第一，能力相似性原则，比如做纪检和审计，在能力上有类似的地方，可以划到一个序列里。第二，职责相似性原则，不同的业务部门里面都有助理或者文书类的角色，可以划到一个序列里。第三，职能连贯性原则，比如在银行做贷前、贷中、贷后的审计或者风险合规工作，可以划到同一个序列中。序列划分基本原则如图6-12所示。

以表6-12为例，建议大家引入职群、主序列、子序列的概念，由若干个子序列形成一个主序列，若干个主序列再形成一个职群，通过这样的方式划分专业技术序列。在一个规模企业里，一般可能有20到30个子序列，有8到10个主序列，再有3到5个职群。这种划分方式，既便于管理也利于职数的控制。

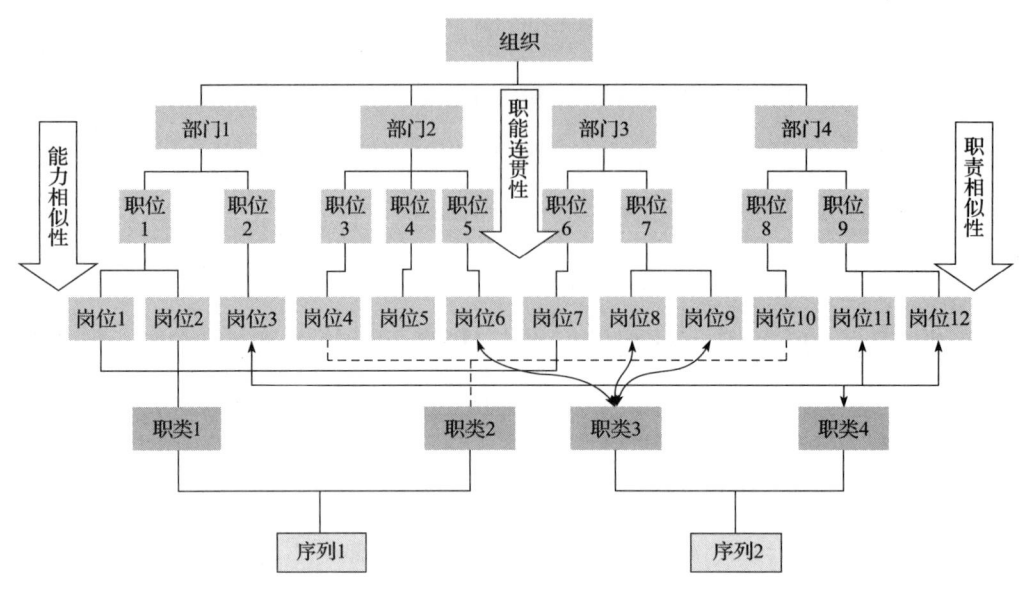

图 6-12　序列划分基本原则

表 6-12　职群、主序列、子序列的划分

建议数量	类别										
3～5	职群										
8～10	主序列 1			主序列 2			主序列 3			主序列 4		
20～30	子序列	子序列	子序列	子序列	子序列	子序列	子序列	子序列	子序列	子序列	子序列

（三）专业序列和管理序列，应不应该有横向对比关系

在企业的实际管理中，建议采用 Y 型通道，即员工在刚进入企业，职级比较低的时候，不分管理通道和专业技术通道，到了一定职级以后再分管理通道和专业通道。三种通道包括 H 型、Y 型、橄榄型，其设计如图 6-13 所示。

Y 型的分岔口在哪取决于企业对干部的管理权限始于哪个职级，一些企业从处级才开始进入干部管理的序列，而有的企业则从科级开始。管理通道与专业技术通道职级应有横向对比关系，这种对比关系在实践中除了在基本工资方面取得平衡外，也会体现在福利、政治待遇、横向流动等方面。

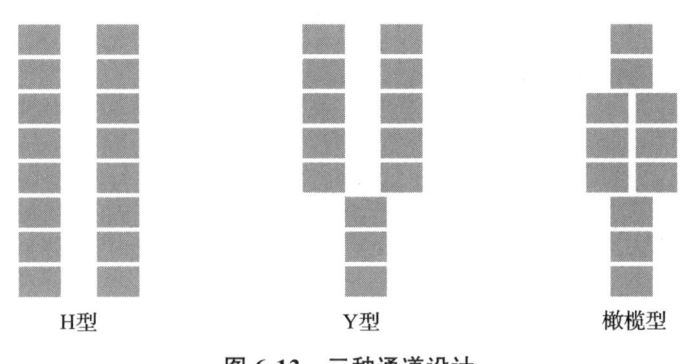

图 6-13　三种通道设计

（四）专业技术序列，到底应不应该设职数比

理论上，在企业中高技能的专业技术人员越多越好，但在实际工作中，如果是下级单位为了解决员工发展问题，在解决不了管理通道晋升时多设置了高层级的专业技术岗位，则未必有良好的效果，还会在某种程度上加大企业的人力成本。

职数比有两方面含义：一是指专业人员和管理人员之间的配比关系。二是指在专业通道里高、中、初级的配比关系。

首先专业和管理通道之间的比例关系应有一个大致范围。比如中高层管理人员基本上应不超过人数的 10% 到 15%，这是一个大致的比例关系，具体还要根据企业的实际性质来决策。其次，在通道内部，应给予明确的职数比。这样做的好处有许多，如避免高层人员出现冗余和提高组织运作效率。最后，还要遵循"因需提拔"的原则。即"需要你，资格达不到也得上，没空缺，资格够了也上不去"，这也是华为所遵循的原则。职数比如图 6-14 所示。

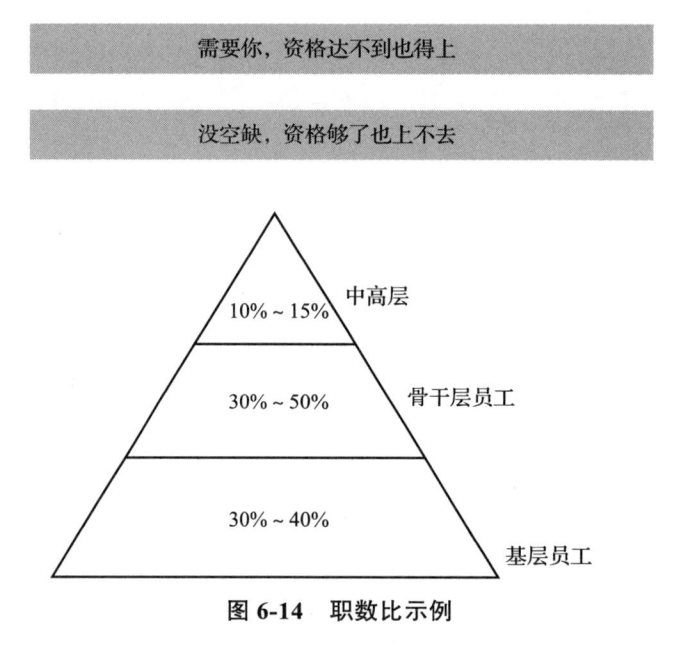

```
┌─────────────────────────────────────┐
│    需要你，资格达不到也得上         │
└─────────────────────────────────────┘

┌─────────────────────────────────────┐
│    没空缺，资格够了也上不去         │
└─────────────────────────────────────┘
```

                10% ~ 15%   中高层

              30% ~ 50%   骨干层员工

           30% ~ 40%   基层员工

图 6-14　职数比示例

（五）专家和干部之间是不是可以互相兼任

兼不兼任各有利弊。不兼任，可能出现的问题是：干部对首席专家缺乏影响力；当组织需要专家去调动资源时，由于缺乏干部身份导致资源调动困难；如果干部待遇权力高于专家，则容易导致多数人员更愿意选择管理职位，而非专家职位。专业和管理序列兼任流动，应遵循以下原则：第一，跨子序列流动的时候不降；第二，跨主序列不升；第三，跨职群流动隔断；第四，上面不兼下面兼。

（六）专业技术序列之间如何"评"

专业序列之间的评价如图 6-15 所示，评的过程跟任职资格体系有直接的关系，推荐大家将"评、审、测、考"四种手段结合在一起。

- 评，专业能力由专家评定，由评审办法来完成。
- 审，专业技术通道里面的"硬件"——资质的部分，按组织审核的办法做。

- 测，指通用能力等内容通过在线能力测评去做。
- 考，对于知识采用考的办法来完成。

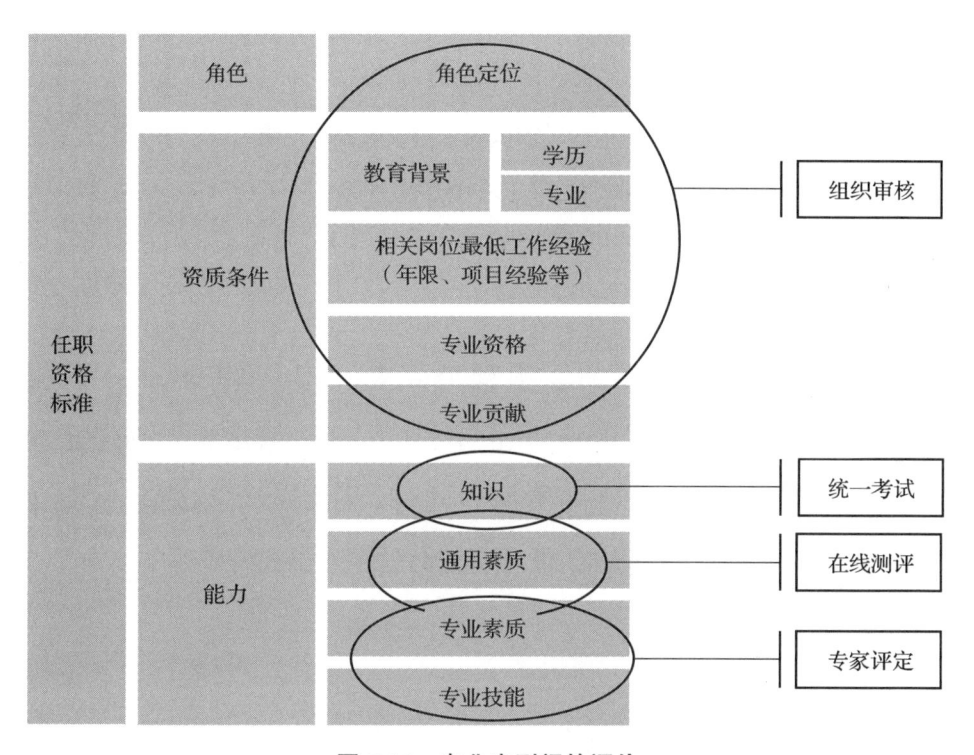

图 6-15 专业序列间的评价

（七）如果没有工资总额增量，专业技术序列如何开展

推荐大家可以采用这样一种薪酬结构：把固定工资分为职级工资和岗位工资。职级工资在企业里面叫军衔工资，职级跟企业内部管理行政的职级直接挂钩；岗位工资随岗而变。调动时，可以遵循平级调动的原则，行政职级在转岗做管理时，可以做到职级工资只升不降，岗位工资随岗而变。再加一部分绩效工资，可设法使专业技术序列绩效工资高于管理岗位绩效工资，以引导员工选择专业技术通道。

四、如何设计不同条线人员的任职资格标准

战略落地是企业经营的关键议题，战略实现是企业经营的最终目的。能够实现高绩效行为的任职资格标准不仅能够让战略落地，提升员工能力，还可协助企业达成多个经营目标。本书围绕战略实现的目的，从不同条线人员的界定、任职资格标准的框架、设计方法及注意事项介绍任职资格标准的整体脉络和构建思路。

（一）管理背景

管理背景如图 6-16 所示。不管是商业模式、管控模式、流程和职能分解，还是将组织职责分解到岗位上，这些都是为了确保企业能够朝着正确的方向去做正确的事情。同时，层层分解也能确保将应做的事情详尽地分解到各岗位，便于进行良好的分工协作。

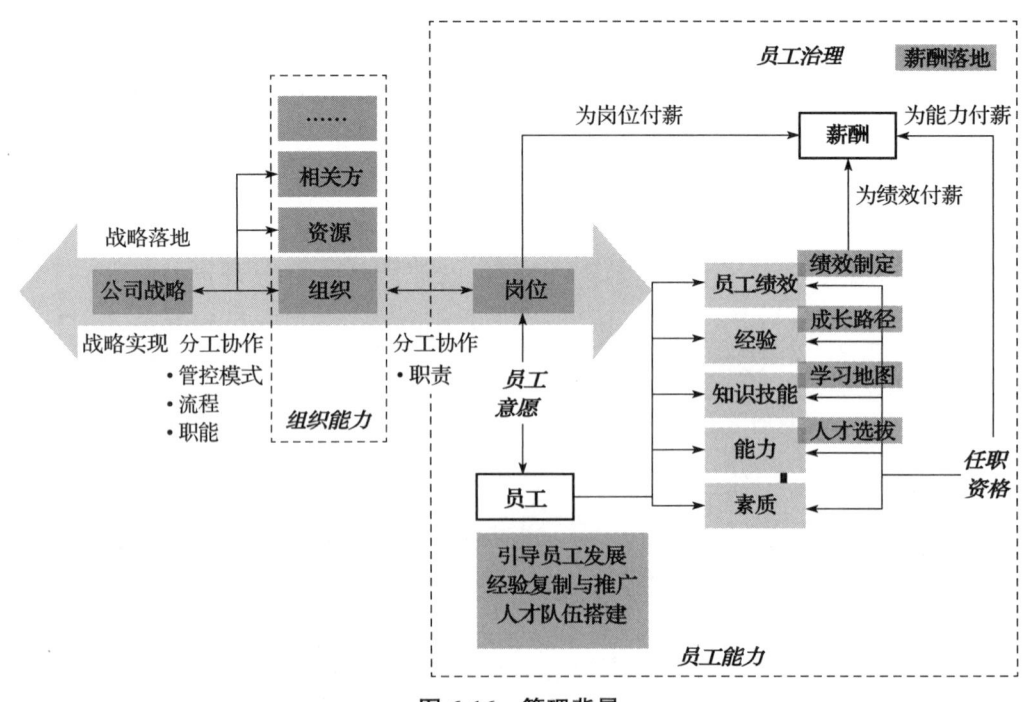

图 6-16 管理背景

战略实现是企业经营的最终目的，要想达成目的，不是只有高瞻远瞩即可，更为重要的是具备相应的组织能力，因为组织能力不仅是执行的"腿"，还是前瞻的"眼"。组织能力的构成需要依靠组织方式和员工的意愿与能力作为支撑。

围绕战略实现的目的开发各条线人员任职资格。任职资格是衡量员工能力的标准，是尺子，其所衡量的是各个任务对从事人员的要求，即实现战略对人的要求。因此，如何设置这把尺子体现了管理者的思路，即让哪些人从事哪些事。任职资格构成主要包括：员工绩效、知识、技能、能力素质和经验五方面。

任职资格需要与其他人力资源模块系统对接。员工管理中其他人力资源模块，如薪酬模块需要为岗位、能力和绩效付薪。能够清晰准确实现高绩效行为的任职资格标准对薪酬激励取得良好效果非常重要。同样，在绩效管理模块中，绩效结果也是任职资格重要的结果衡量指标。

最终围绕战略实现的目的，达成多个经营目标。作为标准，任职资格本身可以引导员工发展。因其锚定了高绩效的结果，将产生高绩效的行为经验进行复制与推广，也有利于人才队伍的搭建，在此过程中常常涉及成长路径、学习地图等方面。详细系统设计的任职资格还能够帮助员工快速成长，方便人才选拔和将薪酬落地。

从组织的角度可将人才按照部门进行分类，从人的角度可将人才结合能力的相似性进行分类，如分为管理类、营销类、科研和技术等类别。在此基础上，考虑能力和业绩贡献还可将人才进一步分为创造财富型、毁灭财富型和财富中立型三种类型。人才分类如图 6-17 所示。

图 6-17 人才分类

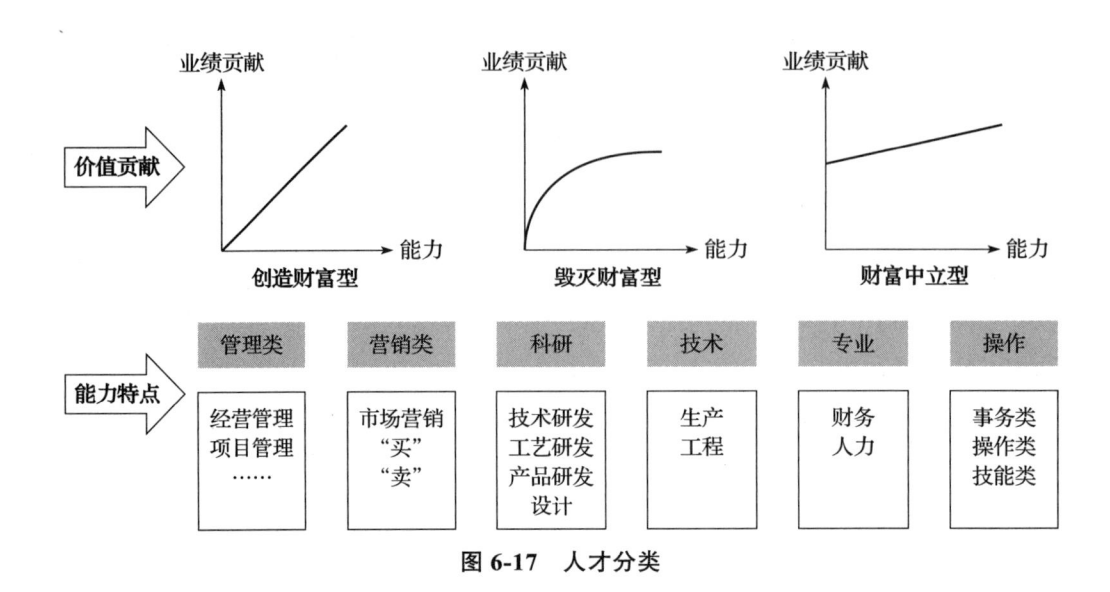

企业应结合自身特点分析不同能力特点的人才和企业业绩的关系，在选用、预留等环节中采用不同的管理方式，制定任职资格也应"因人而异"。例如，营销类人才属于创造财富型，但其业绩贡献和能力并不一定一直呈直线相关，当某段时间业绩饱和时，便需要设计等方面的人才使企业业绩持续上升。

（二）任职资格标准的框架

冰山模型可形象地表现任职资格框架。以高绩效为导向，从表面容易观察到底层的素质特征可将任职资格框架分为显性特征、行为风格和隐性特征。任职资格标准框架如图 6-18 所示。

显性特征即"会不会，行不行"，包括工作业绩、经验历练、基本要求和知识技能；行为风格即"能不能"，包括个性、风格、能力的素养；隐性特征即"愿不愿"，包括工作价值观和动机。整体来看，员工想要创造高绩效，这三个部分缺一不可。

图 6-18 任职资格标准框架

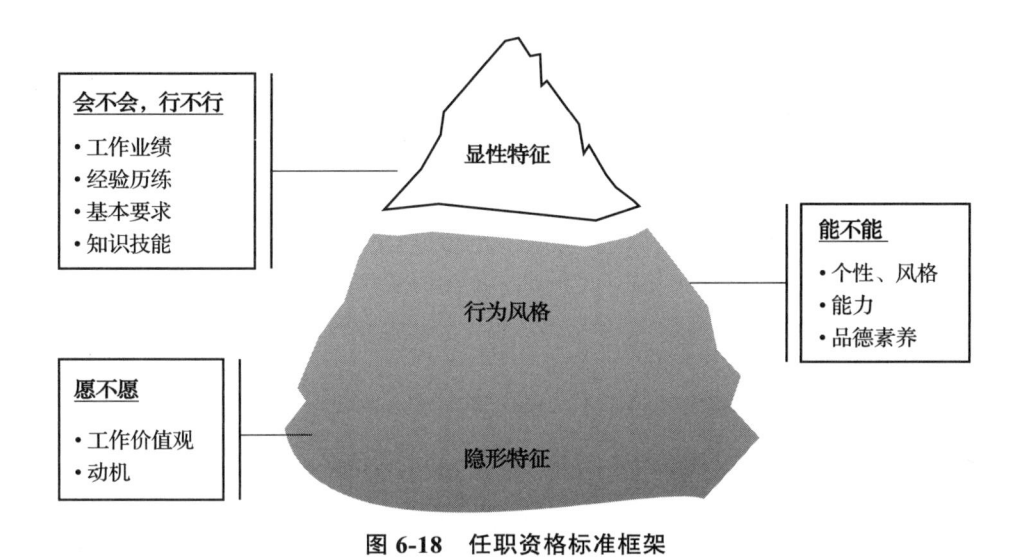

（三）任职资格标准的设计方法

不同条线任职资格设计方法如表 6-13 所示。

"愿不愿"这一层次通常通过文化分析、榜样分析来挖掘动机、价值观要求等要素；"能不能"这一层次分为通用素质和专业能力两方面，与能力素质模型的构建方式类似，可采取演绎法和归纳法进行构建；"会不会"这一层次较易观察，包括基本要求、知识技能和工作经验，可采用数据分析、研讨确定、专家集智和培训指导等方式进行设计；"行不行"这一层次分为角色和绩效两方面，通常与岗位体系和绩效体系相关联。

以表 6-14 为例，角色是对人员应达到标准的锚定，和岗位、价值评估相联系，通常在岗位体系构建时进行确定。角色定义的基本要求如表 6-15 所示。

表 6-13 针对不同条线人员设计任职资格

	内隐，不易观察 → 外显，易于观察						
	愿不愿	能不能		会不会		行不行	
标准维度	价值观	通用素质	专业能力	基本要求	知识技能	工作经验	角色	绩效
维度要素								
维度分解及描述重点	动机、价值观要求	基于公司战略导向要求的核心能力要求	基于目标岗位层级业务与管理要求的胜任素质，更多专业和层级差异	学历水平专业职称培训经历职业资格	1.入门级 2.可操作级 3.熟练级 4.专家级	行业经验专业经验项目经验管理经验	不同职级承担任务、工作难度、影响大小等	1.结果绩效 2.行为绩效
标准维度	文化分析榜样分析	演绎法（战略文化分析）归纳法（访谈、卡片）		数据分析研讨确定	培训指导专家集智	数据分析研讨确定	岗位体系确定	绩效体系确定

表 6-14 角色定义示意

级别代码	级别名称	级别定义
E01	一级工程师	有一定的子模块开发、测试设计实践经验，独立编程、测试或设计电路等，承担某一产品领域或特定产品技术领域中一般子模块的开发、改进和维护等工作，是子模块功能的直接实现者和操作者，在二级及以上工程师的指导下按计划要求完成任务并保证其质量
E02	二级工程师	有一定的模块开发实践经验，进行子模块集成及独立编程、测试或设计电路等，承担某一产品领域或特定产品技术领域中的模块设计、改进和维护等工作，在三级及以上工程师的指导下解决模块开发一般难题，按时完成指标、计划并保证质量
E03	三级工程师	有较多模块开发实践经验，进行模块集成及较复杂模块的设计与实施，承担某一产品或特定产品技术领域较复杂模块的设计、改进和维护，对产品质量、成本、进度和客户满意度及产品的可生产性、可维护性或关键技术解决有一定影响，可以指导和培养一、二级工程师，具有新员工思想导师资格和经历，适当的时候可担负一定的小型项目领导职责或作为中型项目的骨干力量
E04	四级工程师	有较深入的产品设计、改进和维护经验，或核心技术的开发实践经验，并注意推广和重复应用，可完成子系统设计和集成，主持中等复杂项目的计划、设计和实现工作，对产品的质量、成本、计划、进度和客户满意度以及产品的可生产性、可维护性或关键技术解决有重要影响，具有思想导师资格和经验，指导和培养三级以内工程师，领导中型项目或作为大型项目的骨干力量
E05	五级工程师	具有深入的产品设计、改进和维护经验，或核心技术的开发实践经验，可主持系统分析，设计和集成工作。按照华为产品规划和战略，规划新产品技术流程的开发和现有产品技术流程的改进，对四级技术人员进行指导和培养，领导大型、重要项目，对产品质量、成本、计划、进度和客户满意度及可生产性、可维护性有决定性的影响，及时了解市场、关键竞争对手、商业技术环境的情况，是主任设计师

续表

级别代码	级别名称	级别定义
E06	六级工程师	具备专业领域内丰富的产品技术创新、优化的经历，具有强烈的成本意识、商品观念、质量意识并按要求组织、推动职能范围内机构严格按计划、进度完成任务，改进流程生产方法，对管理者和同事提供指导和方向的指引，对产品决策提供建设性意见，在公司本领域内被认为是权威，领导公司复杂程度、重要程度最高的项目或跨部门的大型项目

表 6-15 角色定义的基本要求

确定原则	说明与示例
人才发展特点	体现通常情况下，员工达到该层级角色要求所应具备的工作经验（年限和经历）
工作要求	体现工作对特定执业资格、专业背景、教育背景等方面的要求
借鉴行业实践	参考同类公司的实践经验
人才队伍现状	基于当前人员能力、技术水平和队伍结构现状合理设计

通用类标准如表 6-16 所示。差异化评价标准应特别突出围绕战略实现并锚定高绩效行为，在内容和评价要素上应有所差异。以表 6-17 为例，在研发技术通道上强调学术报告和论文方面，在专业管理通道上强调管理改善和创新方面。

知识技能的提取通常建议采取系统的方法，提取过程如图 6-19 所示，基于当前岗位职责和不同层级的任务，通过分析要项来明确不同层级人员需要掌握的知识和技能。以表 6-18 为例，可看到不同层级人员在知识技能上均有差异化的表现。这些差异化同样有利于制定可衡量的人才层级测评标准。

表 6-16 通用类标准样例

要素 层级	通用类评价标准							差异化评价标准				
	学历水平		技术技能		技能等级	职位认证	绩效积分	人员培养	精益改善 专业管理市场营销通道	科研项目 研发技术通道	工艺技术通道	精益改善 支持技术通道	技能操作通道
	技管类 层级年限	技能类	专业职称									
专家 L1	本科 4	大专	正高级	正高级技师	公司"职位任职资格及胜任能力体系"建成后将列入基本评价标准	34	公司级员工培训40学时	专题报告 4篇	省部级2项目为主持或重大技术发展建议4项	专题报告 4篇	专题报告 4篇	专题报告 3篇
专家 L2	本科 4	大专	副高级	高级技师		34	部门级员工培训40学时	专题报告 4篇	省部级1项目或市级3项目为主持	专题报告 3篇	专题报告 3篇	专题报告 2篇
主任 L3	本科 3	大专	副高级	高级技师		24	师带徒1人或部门级员工培训30学时	专题报告 3篇	市级2项目为主持	专题报告 2篇	专题报告 2篇	专题报告 1篇
主任 L4	本科 3	中技	中级	中技师		24	师带徒1人或部门级员工培训20学时	专题报告 2篇	市级1项目为主持	技术攻关 2项	专题报告 1篇	公司级改善提案3项或技术攻关2项

续表

层级	要素	学历水平 技管类	学历水平 年限	技术技能 技能类	技术技能 专业职称	通用类评价标准 技能等级	通用类评价标准 职位认证	绩效积分	人员培养	精益改善 专业管理市场营销通道	差异化评价标准 科研项目 研发技术通道	差异化评价标准 精益改善 工艺技术通道	差异化评价标准 精益改善 支持技术通道	差异化评价标准 技能操作通道
主任	L5	本科	3	中级	中级	技师	公司"职位任职资格及胜任能力体系"建成后将列入基本评价标准	24	师带徒1人或部门级员工培训10学时	专题报告1篇	公司级2项且为主持	技术改关1项	公司级改善提案2项	公司级改善提案2项或技术攻关1项
	L6	本科	2	中级	中级	技师		14	师带徒1人	公司级改善提案1项	公司级1项且为主持	公司级改善提案2项	部门级改善提案2项	取得规定职业资格证书并表聘成功
师	L7	本科	1	按职业技能鉴定申报资质要求	初级	高级工		7	部门级员工培训10学时	部门级改善提案1项	公司级1项为主要参与	部门级改善提案1项	部门级改善提案2项	
	L8	专科	1		初级	中级工		5	—	部门级改善提案1项	公司级1项且为参与人员	部门级改善提案1项	部门级改善提案3项	取得规定职业资格证书
员	L9	专科	1		初级	初级工		5	—	—	—	—	—	
	L10						取得职位入职资格							

表 6-17 差异化评价标准样例

	研发技术通道	工艺技术通道	技术通道	专业管理通道	市场营销通道	技能操作通道
必备评价要素	科技项目	精益改善				
	企业价值观、企业精神、工作作风、层级年限,学历水平、技术技能、职位认证、绩效积分、人员培养					
综合评价要素	绩效积分 人员培养 科技项目 专利授权 标准制定 学术报告 受训学分 论文论著 专业获奖	绩效积分 人员培养 精益改善 技术攻关 标准制定 学术报告 受训学分 论文论著 专业获奖	绩效积分 人员培养 精益改善 技术攻关 学术报告 受训学分 论文论著 专业获奖	绩效积分 人员培养 精益改善 制度编写 管理创新 受训学分 论文论著 专业获奖	绩效积分 人员培养 精益改善 市场开发 受训学分 论文论著 专业获奖	绩效积分 人员培养 精益改善 难题解决 绝技绝活 复合技能 受训学分 专业获奖
加分要素	各职业生涯通道中未占权重的要素,在进行职业生涯发展等级评价时统一视为加分要素					

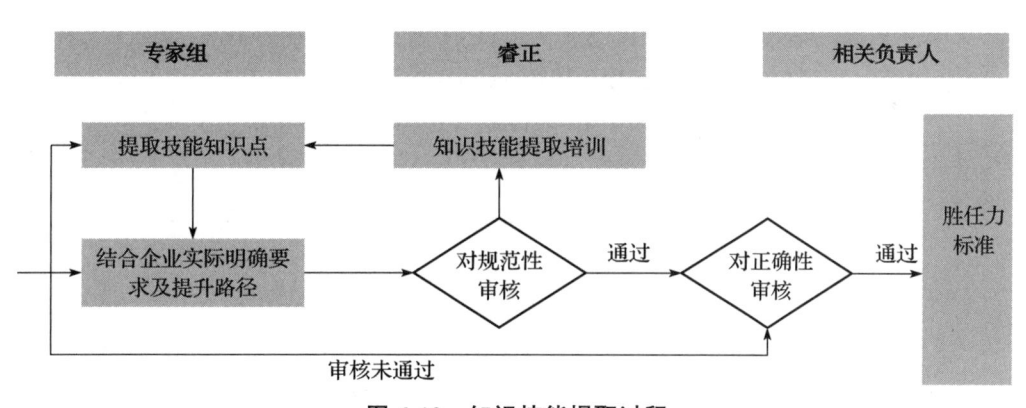

图 6-19 知识技能提取过程

表 6-18 技能层级标准示例

技能定义	通过各类渠道全面获取市场环境、行业发展及客户企业运营等信息,并加以分析、整合,为客户营销和业务推动提供依据	
层级	级别主旨	典型行为描述
基础	常规渠道信息收集	• 个人通过网络搜索引擎、社交平台、客户拜访时的交谈等常规渠道了解行业、客户及其需求 • 获取信息主要包括客户需求、经营状况等与项目直接相关的信息

续表

良好	常规渠道信息分析	• 基于客户提供的信息，了解客户企业的内部运营情况 • 从区域市场角度分析某一行业客群的特点 • 对客户所在行业有一定认识，发掘商业契机，防范资金风险
优秀	多渠道信息收集与分析	• 在客户企业的上下游企业或者客户的人际圈内了解客户情况及企业的基本经营情况 • 广泛收集行业发展及政府政策类信息，了解客户企业发展状况，有效分析、规避风险
卓越	渠道拓展与整合分析	• 建立并拓展信息获取的渠道，形成客户信息获取网络 • 对于某一行业有深刻的了解，能够深入分析与其合作的可能性和风险 • 拓展新的更加高端的信息获取渠道，整合信息资源

（四）任职资格设计与应用注意事项

设计与应用任职资格时应不忘初心，以终为始，主要有以下五点注意事项。

（1）任职资格标准应锚定高绩效结果，体现出标准的整体性和系统性。

（2）任职资格标准应具体、可衡量，便于人才选拔。

（3）任职资格标准应可实现，并具有引导性、可复制性，便于个人实现和组织推广。

（4）任职资格标准资格项、权重等应"因人而异"。

（5）任职资格标准在应用上应"因事而异"，如招聘时关注底层的能力和素质等不可改变的内容，培训时关注知识技能和工作经验等可改变内容。

五、任职资格、素质模型、胜任力模型——你的"模"建对了吗

(一) 我们平时说的"建模",都是什么模型

在我们 HR 日常工作当中常会用到六种模型:素质模型、能力素质模型、胜任力模型、潜力模型、领导力模型、任职资格模型。模型由基本要素构成,那么上述的六种模型之间究竟有什么区别?

其实中国所有与 HR 有关的理论和方法都是从西方来的,从西方的角度来讲,各种模型,以及我们常说的胜任力、潜力、领导力等,究竟指的是什么内容?各种"力"的概念如表 6-19 所示。

表 6-19 各种"力"的概念详解

类别	定义
Competency(胜任力)	胜任力是一套可证明的特征和技能,能够提高工作效率;"胜任力"一词最早出现在 R.W.White 于 1959 年撰写的一篇文章中,作为绩效激励的概念;1970 年,CraigC.Lundberg 在"规划执行开发计划"中定义了这个概念;1973 年,大卫·麦克莱兰德写了一篇具有开创性意义的论文,题为《胜任力而非智力测试》,这一术语引起了广泛关注
Qualification(任职资格)	在工业革命和世界大战的背景下,伴随着职业教育的发展应运而生,是对从事某一职业所必备的知识与技能的基本要求,是劳动者从事某种职业所需要满足的最低标准;按照强制性的程度不同,职业资格又可以分为从业资格和执业资格
Leadership(领导力)	个人或组织"领导"或指导其他个人、团队或整个组织的能力;是领导者凭借其个人素质的综合作用在一定条件下对特定个人或组织所产生的人格凝聚力和感召力,领导或指导其他个人、团队或整个组织的能力
Knowledge(知识)	知识是对某人或某物(如事实、信息、描述或技能)的熟悉、认识或理解,由经验或教育通过感知、发现或学习获得;有一个经典的定义来自柏拉图,即一条陈述能称得上是知识必须满足三个条件,它一定是被验证过的,正确的,而且是被人们相信的

续表

类别	定义
Potential（潜力）	潜力通常指当前未实现的能力，潜在能力（Potential Ability）指个人能力发展的可能性，这种可能性在外部环境或教育条件许可时，可以通过一定的经验发展成为现实能力
Skill（技能）	技能是指在给定的时间、精力或两者兼而有之的情况下，执行具有确定结果的任务的能力；技能通常可以分为领域通用技能和领域特定技能
Personality（个性）	个性是由生物和环境因素演变而来的行为、认知和情感模式的特征集；个性亦称"人格"，指个人的精神面貌或心理面貌
Ability、Capacity（能力）	Ability是完成一项目标或者任务所体现出来的综合素质，包括智力、知识、技能、潜力等的总合，同时，Capability通常表示ability的极限

在以上基本要素的基础上，企业进行实践，或者由咨询公司去帮助企业去构建模型，进行模型分类的时候，我们从三个角度去看这些力和要素。

第一个角度，素质冰山水面以上的或者是水面以下，容易观察，或者是不容易观察的部分。第二个角度，个人层面的或者是跟工作有关的层面。第三个角度，这些是天生的，或是后天习得的。

各种要素的分类如图6-20所示，冰山以下的，与个人有关的部分，我们在图形里用方块表示，代表相对比较天生的素质。我们用圆圈表示更多的是后天习得的素质。

个性与潜力方面，我们基本认为是属于冰山以下的部分。对于潜力，有一些可能是属于天生的，但是其中有一些是个人层面的，有一些工作层面的。

能力、知识、技能、任职资格和领导力这些方面，基本上认为它是可以通过培训或者是后天习得的方式去加以提升的。这部分的能力是和我们后续应用过程里面跟培训发展密切相关的内容。

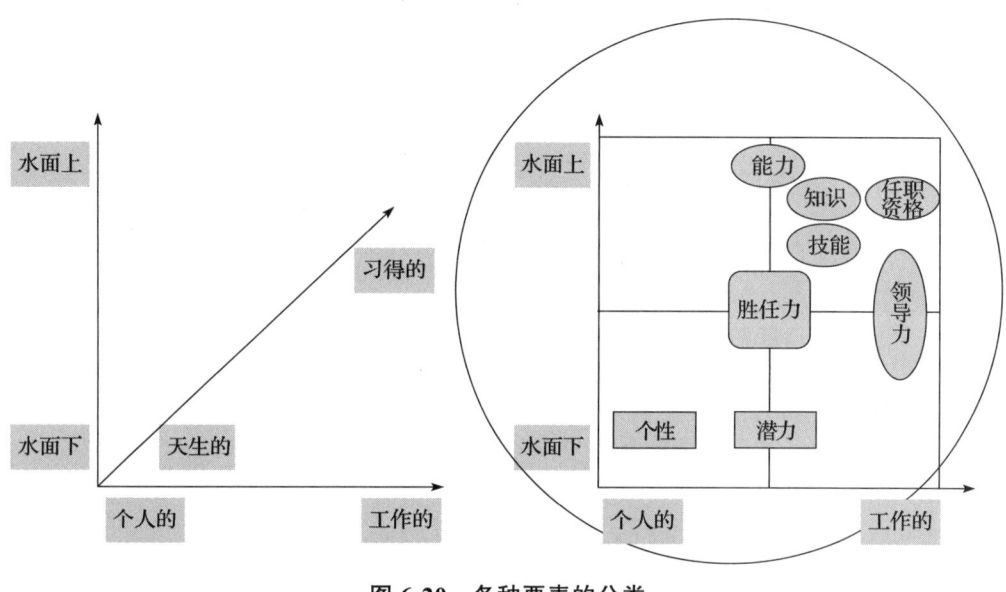

图 6-20　各种要素的分类

胜任力则是一个很综合的概念，它既包括个人的也包括工作，有一部分是属于冰山以上的，又有一部分是属于冰山以下的。它既包括天生能力，同时也包括后天学习的能力。

以上就是睿正咨询根据多年的咨询经验，以及企业的咨询项目里面的实践，对能力素质模型进行的分类。在所有的模型当中，最大的概念是胜任力模型，胜任力模型主要与企业中的岗位有关。各种要素的逻辑结构如图 6-21 所示。

任职资格在胜任力模型基础上，构建模型的时候主要包括四块内容，知识、履历、专业技能和绩效产出。领导力同样是胜任力中的一部分内容，领导力包括了管理个性、管理技能和绩效产出。一般来讲，在企业构建领导力的过程里面，主要看层级而不看专业。

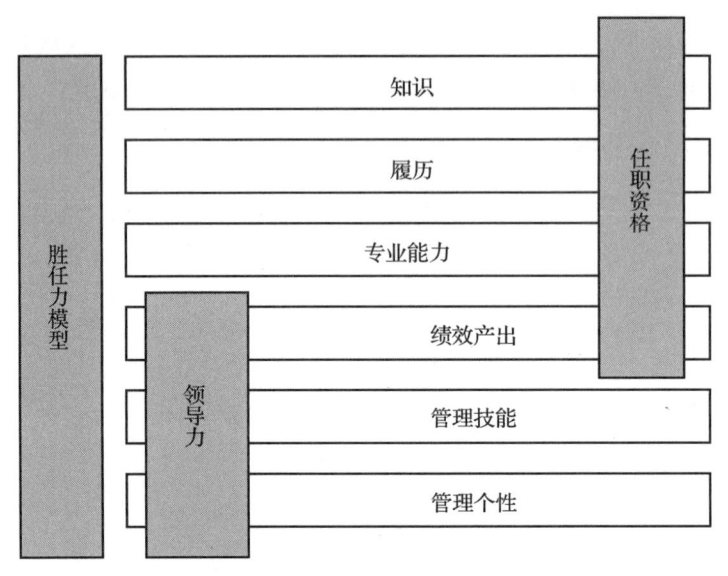

```
                    ┌─────────────┐
                    │     知识     │
                    ├─────────────┤
           ┌─┐      │     履历     │     ┌─┐
           │胜│      ├─────────────┤     │任│
           │任│      │   专业能力   │     │职│
           │力│   ┌─┤─────────────├─┐   │资│
           │模│   │领│   绩效产出   │   │格│
           │型│   │导├─────────────┤   │  │
           └─┘   │力│   管理技能   │   └─┘
                 │  ├─────────────┤
                 └─┤   管理个性   │
                    └─────────────┘
```

图 6-21　各种要素的逻辑结构

另外还有一个模型我们没有说到，通用能力模型。通用能力是和企业战略、企业文化相关的内容。对于一个企业来讲，通用能力行业的属性会更多，而企业的属性相对会少一些。

我们把各个要素组合在一起后，就可以看到模型到底是什么内容。所以企业今后去构建模型的时候，首先要去想一想我们构建的模型到底是什么内容。

（二）模型究竟要如何构建

建模有各种各样的方法，但其本质上只有两类，一类是演绎出来的，一类是归纳出来。模型构建方法如图 6-22 所示。

演绎出来的模型是什么概念？就是不管你现在人是什么样的，也不管你企业过往有什么样的经历，而是要求这些人应该有什么样的一些素质。分析整个行业的要求，分析企业的战略，分析企业文化，分析其他的竞争对手，最后推出来、演绎出来一个对人的要求。这种要求实际上是演绎构建出来的模型。

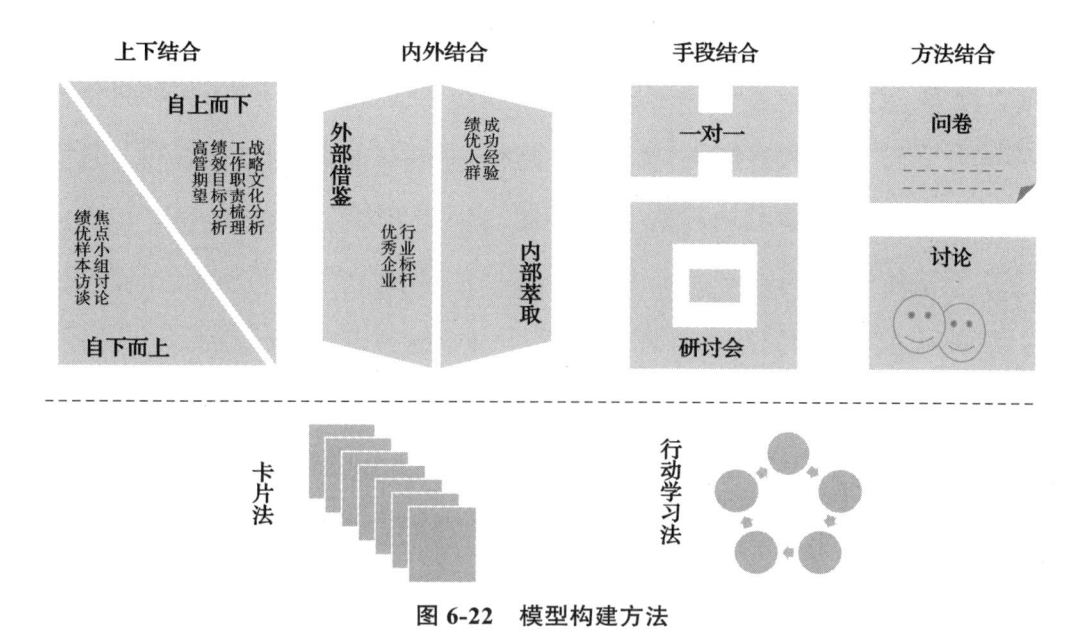

图 6-22 模型构建方法

第二种方式是归纳出来的，总结先进经验，看过往的成功要素。通过访谈、问卷、各种各样的一些方法，总结这些成功人士身上所具备的一些能力，然后可能还通过一些数学统计的方法，最后提炼出来一些要素，这些要素就是我们归纳构建出来的模型。

具体的实践过程中的手段，所谓的自上而下，就是上面我们所说的演绎的过程。总结战略、文化及其他的一些要求。自下而上，其实就是总结经验，看焦点小组或者是绩优样本，通过 BEI（行为事件访谈）的方式自下而上去做。

所谓的内外结合，就是一个看看竞争对手，或者是标杆企业身上有什么样的一些特点；另外一个就是从内部的角度来讲，有什么样的特点，把这两头往中间去凑，这就叫内外结合。

一对一的访谈，就是通过这种 BEI 的方式，然后再去进行归纳、编码。也有一些通过这种研讨会的方式，或者是通过一些类似于行动学习引导和促进的方式去做。另外得出初步的结果以后会接着去做问卷调查、圆桌讨论。

现在也有很多企业会去用卡片建模这种方式，现在很多咨询公司都推出了轻量化的建模方式。卡片建模这种方式确实比较简单，它实际是借用了行动学习的一些手段去做。但是建模最大的价值其实不只是在于最后模型的本身，而是在于整个的建模过程，它实际上对于企业某种程度上也是一个运动，或者是一个统一思想认识的一个过程。通过大家不断的启发和碰撞，最后达成一个共识，这个才是建模过程里面最具有价值的这样一种方式。所以卡片建模方式虽然简单，但是它失去了建模在行动或者是在建模过程当中，最重要的一部分的价值。通过讨论、研讨和上下碰撞交流最后达成一致的过程，可能是在建模过程中给企业带来更大价值的部分。

从模型构建的呈现方式上来讲，目前大概有五种呈现方式。

（1）以行为的发生与发展为主线，不进行分级描述。

假设现在有一个模型叫客户导向，其里面的五个关键行为点，了解客户、教育客户、建立关系、采取行动、建立反馈系统，是工作的流程或过程。提取工作过程中主要的行为或关键行为点来构建模型。以表6-20为例，它是以事物的流程作为一个主线去构建的模型。

表6-20 素质描述示例1

客户导向	
定义	将客户需求视为第一要务；与顾客建立及维持良性的合作关系
主要行为	**努力了解客户** 主动寻找信息以了解客户的处境、问题、期望和需求。 **教育客户** 与顾客分享信息，帮助顾客了解所处状况及可提供的服务

续表

	客户导向
主要行为	**建立合作关系** 与顾客建立良好的默契与合作关系。 **采取行动满足客户需求** 考虑所采取的行动或计划会对客户产生什么影响。 迅速响应客户的需求，并解决客户的问题。 避免过度承诺。 **建立客户反馈系统** 运用有效的方法来监控及评估客户的顾虑、问题及满意度，并预判顾客的潜在需求

（2）正负项关键点。

以关键行为为核心，正负项为后续的观察和指导。现在有一个定义，定义后面有关键行为，理解客户、用心服务、持续改善。这是客户导向的三个关键行为，也叫作三个构面。以表6-21为例，这种构建方式以关键行为为主线。

表 6-21　素质描述示例 2

	客户导向
定义	关注内外部客户不断变化的需求，全力提供服务或产品满足客户的实际需求及潜在需求，为客户创造价值，同时实现组织价值
关键行为	• 理解客户，充分考虑客户的处境、需求和期望，维护客户利益。 • 用心服务，发自内心地为客户着想，为客户分析、解决问题，创造价值。 • 持续改善，以长远的眼光，系统解决客户问题
正向行为	• 与新老客户保持密切联系，主动沟通、倾听客户声音，不断总结、反思如何更好地为客户服务。 • 通过不同渠道，收集客户信息，主动学习客户的行业知识，增加对所服务客户的了解，并开展有针对性的服务。 • 站在客户的角度思考、分析和体验聚成产品和服务，从客户的角度判断工作的价值和解决问题的重点。 • 主动收集客户对产品和服务内容的评价，迅速反馈给相关负责人，协助设计和推动与客户相适应的产品和项目

续表

	客户导向
正向行为	• 关心客户的发展和困难，通过向客户提供支持和帮助，实现与客户的双赢。 • 根据客户业务的未来发展趋势，挖掘客户的潜在需求，提出建设性意见，并将其与可用的产品或服务一一对应起来
负向行为	• 做事及考虑问题以自我为中心，服务意识差，从内心深处不愿意为客户服务。 • 对客户的需求和感受缺乏密切关注，不愿付出努力去理解客户真正的想法和需求。 • 对客户提出的合理意见或建议不予理会，照常按照自己的习惯做事。 • 被动地满足客户的需求，需要多次催促才能满足客户要求。 • 当客户需求不明确时，停止与客户的沟通，不继续挖掘或澄清客户不能表达的需求。 • 将自己的想法强加给客户，夸大自己的提议将给客户带来的有利影响

（3）以行为的变化分级为基本标准。

第一级相对来讲比较简单，最后一级比较复杂。以表6-22为例，第一级是关注并满足客户的需求。第二级是深入关注需求，第三级是为客户提供增值服务，第四级是关注客户潜在的需求，实现与客户的双赢。在这样一个过程中，对客户导向这个行为越来越深入，对人的要求越来越高，进行相应的关键行为的分级表述。

表6-22 素质描述示例3

	客户导向
定义	该素质特征体现的是在一种帮助或服务他人的愿望驱使下，满足他人需求的愿望和行动；其典型表现是把个人的精力集中在发现并满足顾客或客户的需求上；这里的"客户"包括内部客户、外部客户
关键行为	• 关注客户需求 • 满足客户需求

续表

素质层级	行为描述
1级：关注并满足客户的明确需求	- 愿意多花时间与努力，了解并主动思考客户的真实需要。 - 不轻易打断客户的讲话，耐心听取客户的意见和需求。 - 关注客户反馈的问题与需求，做出迅速回应，及时提供有用信息和愉快友好的服务
2级：深入关注客户需求	- 站在客户的角度思考、分析和体验产品、服务过程中每个细节给他带来的感觉，从客户的角度判断工作的价值和重点解决问题。 - 和客户保持密切联系，以主动沟通、倾听客户声音等方式，去总结及反思如何改进服务质量。 - 通过不同渠道收集客户信息，增加对客户的了解并开展有针对性的服务
3级：为客户提供增值服务	- 基于客户的需求、问题、机遇和可行性等持独立可信的观点采取行动。 - 为客户谋求长期利益，付出额外心力帮助客户实现价值，采取一些能为客户创造实实在在效益的行动，赢得客户的信任。 - 以赢得客户满意为使命，致力于开发符合客户需求的产品，并持续努力为客户提供快捷、周到和便利的服务
4级：关注客户潜在需求，实现与客户的双赢	- 关心客户的发展和困难，通过向客户提供可能的支持和帮助，实现与客户的双赢。 - 根据客户业务的未来发展趋势，挖掘客户的潜在需求，提出建设性意见，并将其与可用的产品或服务一一对应起来。 - 致力于与客户建立战略合作伙伴关系，如与关键客户的高层领导或关键决策者建立深厚友好的关系，深入客户的决策流程

（4）以角色或是职务层级为依据。

以表6-23为例，从一般的辅助员工到高级经理，级别越高，做的工作就越复杂。

表6-23 素质描述示例4

级别层级	
角色程度	辅助员工	可沟通工作任务
	主管	传达工作指示
	专业人员	传授方法
	经理	沟通计划
	高级层经理	沟通公司战略使命

（5）以角色的贡献层级为依据。

以表 6-24 为例，贡献层级，第一个层级是学习，然后是贡献、指导、塑造。以角色在企业或者是领域里面起到的基本作用为一个划分层级去构建分级的标准，但是跟前面两种分级描述有区别。第一个区别是从行为本身的难易程度或者是影响程度去看。第二个区别是以它的管理层级或者是职务层级为区别去进行分级。第三个区别是指它产生出来的这样的一些行为，对于企业或者是行业的贡献进行的分级。

表 6-24　素质描述示例 5

	贡献层级	
贡献程度	学习	接受信息
	贡献	提出建议
	指导	帮助他人理解
	塑造	定义信息

这几种分级描述，目前在企业实际的运作过程中都出现过。不同的地方用的不完全一样，没有优劣之分，但是建议大家在构建模型的时候，一开始就要想好到底用什么方式去建模。用什么方式建模的基本出发点是构建模型到底怎么去用，是用在测评方面，还是用在发展方面，还是用在招聘方面，还是用在一些其他方面。

不同的目的其实决定了不同的建模方式，也决定了建出的模型到底应该长成什么样子。

（三）建模之后如何评价应用

我们建完了模型以后，到底怎么评价？哪些素质可以用什么样的方式进行评估？以表 6-25 为例，从评估方式上来讲，目前在企业里面主要采用六种方式：考试、审查、考核、评审、测评和360°。

表 6-25 评估方式示例

	知识	履历	专业技能	管理技能	绩效产出	个性	潜力
考试	√		√				
审查	√	√	√				
考核					√		
评审			√				
测评				√		√	√
360°			√	√			√

考试不用多说；审查主要指的是党委组织部门或者是人力资源部门，针对已有的一些书面材料进行审查；审查考核与一般的绩效考核的概念一样；评审更多指的是通过专家委员会的方式，既评也审，最后通过打分或者是小组讨论的方式，大家达成一致的意见；测评指的是我们用测评中心的方式，通过在线或是非在线方式去进行测评；最后一个是360°。

从对知识的角度来讲，主要的方式是考试和审查。无论是专业技能也好，还是通用的一些对企业的战略的理解也好，都可以考试。审查更多的是审查一些资质和证书。

而对履历来讲，更多的是审查方面的相关内容。

对于专业技能其实采用评估方式会更多一些。专业技能可以采用考试方式，尤其是对一些操作技能类的岗位；也可以采用审查，你拿了什么样的一些上岗证，可以代表你的专业水平；也可以进行评审，尤其是在评职称的过程中，主要都是采取评审的方式；也可以通过360°的方式，周边群众去进行打分，下属去对你的专业进行打分。

管理技能主要是通过测评和360°的方式去做。这个测评里面既包括在线测评和线下的培养中心的方式，也可以通过360°对管理技能进行相应的评价。

绩效产出很简单，主要是考核。

从个性的角度来讲，我们认为最准的还是测评。需要建立一个相对比较大的常模，去构建一个在线测评的方式，或者也可以通过线下方式去做。

最后一个是潜力。潜力实际上是总结归纳出来的，持续不断地获得晋升的一些人身上所具有的一些共同点或者是共同要素。实际上是某一些的能力素质，包括个性在内的综合性的东西，它主要通过测评跟360°的方式去评估。

我们总结归纳了一下不同的模型里面各个要素可以应用的一些测评方式。

实际上我们把这个测评分成了四块，第一个是标准化的测验，用得最多的是一些在线的测评工具。第二个是他评测验，以360°为主。现在除了360°的在线测评以外，还有很多企业用到360°的周边访谈去做他评测验。第三个是自陈式测验，你自己说，然后我们通过跟你一块谈，看你说得到底怎么样，最后对你进行评价。实际上一个是行为访谈，一个是述职或者述能的一些答辩，更多的是自陈式的测验。第四个是情境化的测验，包括睿正提出的双引擎的概念，在培训里面做测评，以及在测评的环节里面提升，实现我们相应的培训目的，其实都是一些情境化的测评。

以上所讲的这些测评要注意的是在应用的不同场景里面，或者是针对不同的人群，会有不同的应用方式。

六、OKR时代的人才标准观

自从绩效管理领域出现了OKR这个词，就标志着组织选择优秀人才的标准，管理人才的方式，以及培养和建立人才梯队的思路都要发生一系列变化。本书仅从建立人才标准这一个角度谈谈这个时代，人才标准的建立需要哪些顺应时代要求的新思路、新方法。为了区别于以前的人才标准构建方法，暂时为这类方法加个前缀："OKR时代"。

（一）OKR时代的三种转变

1. "控制型"和"鼓励型"两种管理思路要达到新的平衡

OKR这个词，很长时间在和KPI做着对比讨论，这种对比本质上是在探索，当外部环境的变化比较大时，组织内部应该用哪种管理手段，才能更高效地应对。几乎在同一时间，另一类追根溯源的话题正在涌现——组织为什么需要管理？管理就是为了提高效率，很长一段时间，员工以自己是组织的螺丝钉而自豪。但现在，组织更需要的是App，一个能在组织平台上主动发挥作用，主动连接用户和事业伙伴，自我优化，不断完善的"产品"。

讲一个有意思的案例，一家企业要变革业务模式，推进新的客户沟通和服务方式，客户部负责将客户需求和技术研究进行对接，为客户提供个性化的服务。但在设计部门考核指标时客户部和技术部有了分歧。技术部强调，服务客户主要是客户部的责任，客户部尝试的新服务模式是否有效，应该是客户部的考核指标。客户部反击说，客户满不满意，技术方案也很重要，怎么能都是客户部的责任呢。最后推来推去，大家决定，让客户出具项目满意度说明，是客户服务方式出了问题，还是技术质量出了问题，由客户来评判。这属于"墙内开花墙外香"。企业变革的目的是适应客户的新要求，行业发展的新趋势，从而倒逼内部的技术能力转变，组织架构可以变，但组织的性质模式没有变，每个员工还都是螺丝钉思想，怎么可能处理好这种岗位边界模糊的事情。过去说"螺丝钉"精神是强调奉献，但螺丝钉还有另一个负面影响，我只在我的位置上"奉献"，你要把我的位置界定清楚。我们把"螺丝钉"换成"App"，就是要强调组织内外互联互通的合作精神。

所以，应对外界变化，传统的"控制型"管理只要守住边界底线，不出问题，由"鼓励型"管理来激发员工主动思考工作的意义与产出，创造价值，是一套效率更高的管理组合拳。

2. 从"岗位"到"角色"的变化

"角色"是价值导向的，"岗位"是任务导向的。通过上面那个例子也不难看出，今天我们更希望员工理解，组织希望他扮演的角色是什么，发挥什么作用。很多岗位，就算有岗位说明书，但具体工作怎么做，怎么衡量，能做成什么成果，没有人知道。

举一个例子，某公司进军国际工程领域，在南美区域，前后派出的几个分公司总经理都"夭折"回来了，原因也各不相同。第一位回来的原因是不熟悉当地的营商环境，再说透点，就是"秀才斗不过地痞"；第二位，是在国外读书毕业的高才生，对外国的文化多少有些理解，且独自操盘过一个巨大的区域市场，但也没成功，原因是其在国外需要得到总公司的资源配合，但公司也是起步阶段，难以给他更成熟、系统化的支持。公司在不同阶段，对这片陌生市场的定位也是在发生着变化的。不同的总经理到任，无论是个人还是组织，都应该明确整个阶段的首要目标，是快速拿下市场份额，还是先探探路，再规划后期的市场打法。岗位职责上总有写不清楚的内容，如果能搞清楚总经理该解决什么问题，而不是该完成哪些任务，在选人标准上会更加清晰和有把握。

3. 从"培训"到"赋能"

上面这两个例子已经说明，组织和个人的关系越来越接近合作的关系，从对标准化的"螺丝钉"的要求，转变为激发每一个"App"的活力；从提供岗位转变成提供平台；人才培养的思路，也从"要让员工学会什么技能"变成"组织如何让员工的内在天赋发挥出来"，从培训转变成赋能。在一类"雇主品牌"构建的项目中，我们和客户常常会用这样提醒自己："我们能让来到这里的员工成为什么样的人"这个观念，是用好人的基础。在这个基础之上，用人标准、培养手段、人才梯队建设等工作才能不与时代洪流相悖。

（二）基于"角色"的人才标准

1. 基于"角色"的人才标准要素

基于角色的人才标准，就是要通过一套方法描述清楚，组织需要的这个人到底长什么样子，他来了要解决什么问题。要回答清楚这个问题，我们要从四个角度来定义角色：价值、经历、技能、特质。价值是总经理在任期内要达到什么效果，实现什么价值；经历是过往经历过什么，如果有相似的职业经历最好，如果没有，成长中遇到过的挑战也可以，以及怎么解决的，解决问题的手段和理念是否符合新岗位的要求；技能，是否具备一些必要的胜任能力；特质是他最原始的动力特征或性格倾向，让他在遇到困难时，他的努力方向与组织预期尽可能是同一方向。以上，没有任何一条规定了总经理应该做什么具体工作才能体现这些内容，怎么做是总经理的事情，组织要的是效果。

首先谈谈价值。上面的例子中总经理的价值是总经理人选和公司高层共同讨论出来的，公司希望这一任总经理发挥什么作用，候选人希望自己怎么做、发挥什么价值，经过共同讨论最后确定出来。例如，在上述例子中，南美区总经理的价值应该是：了解南美市场对公司的重要战略意义，明确南美市场的战略目标；了解清楚南美市场的营商环境，制定出公司在南美市场的具体策略；逐步建立起公司在南美区域的稳固根基，包括政府关系、客户关系、团队基础，逐步树立品牌声誉；协调公司内部的资源，保障南美区域业务按计划运转。这四点关于价值的描述，就是公司要的，表达越简练越好。这些描述不是用来考核的，但对于人才的适配性，却可以提供恰当的分析依据。

再来谈谈重要经历。人此刻能发挥的价值，是他过去所有学到和经历到的总和。一个人过去的经历，是如何塑造了现在的他，他就是什么样子的。组织想要这样一位总经理，从典型的经历上，这个人需要在国外生活过，有过不按规则办事还能灵活变通处理好重大事件的经历，要做过一项独立业务的一把手，至少要懂得新的业务在陌生市场的打法。如果这条不具备，就要看在打法套路方面、对市场认知理解方面、底层的韧性灵活性方面是否能出现组合效果。谈经历，切忌只看是否经历了，最重要的是看候选人从这段经历中是否学到了组织看重的那些收获。如果没有，这段经历就不能算支撑他角色价值的有效经历。同时，人无完人，组织还要清楚，他缺少的经历，对以后开展工作意味着什么，组织打算通过什么方式来弥补他的短板。

接下来，再谈关键能力素质。通常说人才标准，这条总是最重要的，无论是培训培养，还是人才选拔评价，能力模型都是一个好用的工具。有了前面的价值定位、重要经历，能力素质的提取就顺理成章了。在有大量优秀人才样本存在的前提下，可以用统计学的方法提炼；但在样本缺乏，或几乎没有的情况下，可以通过角色价值和重要经历进行自上而下和自下而上的推演，再经过组织内研讨确认，能力模型就形成了。

最后，说说关键特质。关键特质是候选人与组织保持"默契"的内在联系。说文化是否匹配，跟这条有关。例如，一个成就动机高的人，一定不会在遇到困难后找借口退缩；一个习惯于冷静思考的人，一定不会慌张决策。

2. 与其他模块的对接使用

这样一套人才标准建立之后，可以和人才管理的多个模块对接，形成体系化的管理，包括人才选拔、人才培养、后备梯队与继任管理等。上面的例子讲的就是一位要在陌生市场开展新业务的总经理的例子，是一个典型的关键岗位人才选拔的例子。

人才培养方面，因为我们分析过他过去的经历和我们要的角色经历之间的差异，所以从"缺什么补什么"的角度出发，在利用培训课程规划、轮岗锻炼、教练辅导等手段给这位总经理赋能时，都能有的放矢，针对性很强。

对于这类关键岗位，后备梯队的入池选拔就不光只有能力这一个维度，也不光只有业绩这一个维度，而是从未来能否堪当大任的角度，从价值、经历、特质等方面进行筛选和塑造，使继任管理也会更有抓手和秩序。

七、成为高效 + 走心的面试官

面试是在考候选人呢，还是在考面试官？

做好一个面试官不容易。确实如此！面试本来就不是一件人人能干和人人能干好的事。我们今天花时间来探讨一下：面试官常见的难题是什么，我们如何提高面试的效率和效果，成为"高效 + 走心"的面试官。

请大家先来看几个见仁见智的问题：面试的主要动作是"问"还是"听"？面试官问"爽了"很重要吗？快问快答就是效率高吗？理想的面试状态是怎么样的？面试官的主导地位如何保持？要不要在面试中给予反馈？

面试官就像一个平静深邃的湖面一样能够给对方提供一面镜子，让对方的能力水平、个性特征等通过我们的面试映射出来。而面试官情绪大幅波动及激烈的提问方式往往不利于真实信息的收集。

（一）面试中常见的三个难题

"不快"，就是效率比较低。或者面试维度追求面面俱到，没有抓住主要矛盾；或者提问过程陷入细节，没有抓住矛盾的主要方面。"不准"，就是预测度不高。面试时觉得好，但工作中不好用，不能基于面试时的表现预测工作中的行为。"不深"，就是面试官看到的很多候选人都是千人一面的。

之所以会有这样的感觉，是因为大家的经验、学历、知识技能等一些外在条件都非常的相似，而未能问到冰山以下的稳定的特质、动机和能力水平。

1. 如何解决"不快"的问题

澄清并聚焦评价标准。要让评价过程更多聚焦于有限数量的关键评价标准，而不被次要的、无关的枝节干扰。很多企业尚未有清晰的人才标准，或者面试官对于标准理解有限，就导致面试没有结构，缺乏效率。

不是所有考察要素都要靠面试环节来考察。不同评价工具可以考察候选人的不同素质维度，需要综合运用笔试、标准化测评工具等建立对候选人全方位立体性的认知和了解。多积累"常模"，形成标杆参照。面试官应该在头脑中多积累相关岗位的人物库，在评价人才时就会有一个参照标准。

2. 如何解决"不准"的问题

经历不等于经验，过去成功不代表未来能够成功。考察过去的成功事件时还需了解所依存的环境关系、资源条件等因素，重点考察支撑良好绩效的关键行为及行为背后的能力特征，而不被光荣历史所蒙蔽。

不要轻视流程规范的作用。让科学合理的面试流程、结构化的问题设计确保有效信息收集，去伪存真，从而避免晕轮效应、刻板效应、类我效应等的影响。

3. 如何解决"不深"的问题

提问聚焦急难险重事件：急难险重事件最能反映人的能力水平、认知模式和行为模式。面试时要快速地聚焦在急难险重的事件中，发现人与人之间的差异。

关注心理活动：面对同样的任务过程与任务结果，面对挑战、成败、得失，不同的人可能有截然不同的心理过程。他的动机、心态怎样？由表及里地像剥洋葱一样，看到一个人的内心的世界，"走心"对于预测未来行为十分重要。

（二）以结构化方式提高面试的效率效果

面试按结构化程度不同可分为结构化面试、半结构化面试和非结构化面试，按照问题类型可分为行为面试和情景面试等。

面试的结构化包括面试标准的结构化、面试流程的结构化、评价者构成的结构化等。我们推荐用半结构化面试进行人员的评估和考察，尤其是在中高层人员评估和考察的过程中，更不建议使用严格意义上的结构化面试。

1. 结构化面试提纲设计

把一个人结构化地观察和评价清楚，面试官要解答四个问题。首先，这个人是谁，他的个性和能力特征是怎样的？其次，他在组织里是怎样一个人，能够产生哪些贡献？再次，他未来会是谁，发展潜力怎样，在我们企业里有怎样的发展可能？最后，他适合和谁在一起，在融入与合作等方面，有哪些可能的风险？

以上是我们制定面试提纲的几个关键出发点和落脚点。如表6-26所示，结构化面试一般流程包含导入问题、主体问题、补充问题三个阶段，行为面试是半结构面试的主要问题构成，以下会重点介绍行为面试法。

表 6-26　结构化面试一般流程

流程		
导入问题	主体问题	补充问题
• 简短介绍开场 • 经历回顾与确认	• 行为面试为主（聚焦主要评价标准：开放+定向） • 情景面试辅助补充 • 疑点澄清	• 专业能力、业务洞察 • 自我认知、认知他人 • 求职动机、文化认同 • 个人诉求、内心追求 • 喜好、圈子 • 其他关注点

在设计具体提纲的过程中，还需要对不同的群体和个人做针对性的分析。举个例子，某民营金融机构总部部门总经理的盘点项目。我们要基于统一的能力素质模型，对不同的人员进行访谈。除了通用的问题提纲，对于每个被访人，我们都会设计若干个性化问题。这家企业将总部从一个三线城市迁到北京发展壮大，有比较典型的两类人群。

第一类：在原来的三线城市跟随企业十几年的老人。对于他们我们关注的是能不能跟得上组织的发展，在新的环境要求和竞争下，能否适应新的发展节奏和要求。第二类：从行业内几家标杆企业空降而来的人。对于他们，我们更关心的则是能不能适应和融入这样一个并非那么先进的组织。

2. 行为面试"走心"技巧

在中高层人员面试过程中更强调以行为面试为主的面试方法。简单地说行为面试就是推动候选人去回顾过往的故事，经历的典型事件像演电影一样利用行为回顾的方式作为过去的探询以了解面试者的能力和未来的潜力等。

行为面试 STAR 法则大家都不陌生，但做到高效和走心，还需要"接纳"和"觉察"作基础。接纳，即允许被访者有不同于你的价值观和喜好的行为、观点和状态；平等对话，不妄下结论，不频繁质疑。觉察，快速抓住事件及关键点，快速鉴别信息有效性、STAR 的完整性，快速判断语言信息和非语言信息的一致性。STAR 法则如图 6-23 所示。

图 6-23 STAR 法则

在应用 STAR 法则进行行为面试时，有以下几个方面应注意。

（1）A 是信息收集的主要内容，除此之外，S、T 澄清资源、环境条件，R 衡量结果质量与水平。有始有终，更准确地把握行为水平和有效性。有人面对的是"天时地利人和"，有人面对的是"屋漏偏逢连夜雨"，不同境地，必然是不同的历练，不同的行为水平的要求和展现。

（2）STAR 提问，顺叙、倒叙、插叙可灵活运用。比如，当事件呈现多条脉络齐头并进时，面试官不知从何处入手快速获取更多信息时，不妨先跳到 R，从结果入手来询问整个事情的亮点和成果，继而追问是什么样的行为而导致的这样的亮点成果。

案例

比如说我们访谈一位部门总经理，他说在面临新的挑战和形势之下，如何去应对呢？他就去相关的标杆企业学习借鉴，去不同的企业参观、学习经验，另外还邀请对方走进来交流。此时如果我们只是就着"Action"问他怎么交流，交流的过程如何，如何保证交流效果，可能得到泛泛的回答。如果仅仅基于他"走出去，请进来"的这样一个动作，就得出他爱学习，学习心态好，主动性高这样的一些结论是非常片面的。我们可以尝试问他在交流学习的过程中得出了什么结论，这些交流学习对工作开展产生了哪些影响，如何推动学以致用等问题。

（3）有效的行为面试不仅要有STAR的结构，还要很好地把握主客观两方面关键点，避免流水账，通过捕捉被访者心理活动，让人物形象像电影里的主人公一样饱满立体起来，更加有血有肉。关注心理活动，并非单刀直入式把心理活动一个个问出来，而是要结合STAR的提问过程，通过细致观察捕捉心理活动。具体来说，"S"：我们会首先判断他的资源、环境、平台是怎样的，基于此对任务完成难度有所把握，同时他是如何看待这些条件的，心理反应如何。

"T"：我们需要鉴别一下这个任务是不是他自主发起的。如果是，那么他发起这件事的思想动力是什么。如果是其他人发起的，譬如是领导交办给他的一个任务，那么就要了解这个任务的要求是清晰的还是模糊的，他接到这个任务的心态如何，对这个任务的承诺是否清晰等。

> **案例**
>
> 有位事业部总经理，接到任务时，明确承诺要百分之百完成领导交办的任务，基于领导要求提出利润率和业绩额度、新任务占有率等方面清晰指标，无论有多大困难，抱有必须完成的决心和态度。他的表述很全面，在描述任务时能够非常清楚地把他当时的心理状态，以及对领导表态的情形具体阐述出来。其实我们并非评判他这样的表态本身是好还是不好，而是通过这个"画面感"知道他本人的目标感、成就动机等相关特质。

"A"：Action方面重点问行动中的难点、亮点和关键点，还有他采取的办法或者行动的与众不同之处，他的核心贡献点是什么。我们要用提问追问推动对方把他的关键行为像电影镜头一样展示出来：比如他和同事、客户的对话，对话场景是怎样的，对方反应如何，顺着对方的情绪和反馈，他又有哪些感受和行动等。面试官有可能会错过这些重要的心理活动，致使行为面谈停留在故事梗概。

"R"：我们可以请对方表述结果的客观可量化指标，如果没有这种可量化指标的话，我们要听他说说自己的评价和反思，或者周围的利益相关者对这件事的评价。在这个过程中，关注他总结反思的投入程度，关注总结反思的内容和表达时的情绪状态是不是一致，关注他的成就感和挫败感是否强烈等。

3. 行为面试的诗外功夫

面试是技术活，亦是熟练工种。在成为高效亦走心的面试官的道路上，很多同人都发出"功夫在诗外"的感慨。除了专业技巧，面试官更需要的是世事洞明，人情练达。下面举两个例子，大家可以体会不同的追问方式会带来哪些差别。

例1：某集团一次干部盘点访谈中，一位派驻到下属单位的总经理，谈及一年前上任伊始，被免职的前任不配合工作交接，欲言又止。你作为面试官该如何继续？

A："停顿一下，"很理解您当时的不容易"。

B："接手这样一个企业肯定很不容易，是怎样一步步过来的？"

C："当时特别恨老万（前任总经理）吧？"

D："现在是什么状态？"拉回到现在

解析：建议的提问方式为A，最不建议的问法为C。A是最佳选项。

好奇心　　☆☆☆☆
流畅性　　☆☆☆☆☆
接纳度　　☆☆☆☆☆
鼓励性　　☆☆☆☆☆

此语句的画外音是："情感可以表露，如果可以，请继续"。给被访者一个信号，可适度停顿，期待被访者自主地继续下去。

B是非最佳选项。

好奇心　　☆☆☆
流畅性　　☆☆
接纳度　　☆☆☆☆
鼓励性　　☆☆☆

此语句的画外音是："不想说就先不说了，说说后面的故事。"对情绪有所呼应，但有一定的跳跃。不利于情绪的充分表露和恢复，没有鼓励被访者继续深入话题。

C 是非最佳选项。

好奇心　☆☆☆☆☆

流畅性　☆☆☆

接纳度　☆

鼓励性　☆☆

此语句的画外音是："被害得这么苦，还不恨死老万了——有好戏，内心戏！"提问者对这段故事充满了好奇，语言很直接，但是可能忽略被访者情绪的细微变化，对被访者情绪感受的臆断和贴标签，可能使被访者产生不安全感、反感等。

D 是非最佳选项。

好奇心　☆☆☆

流畅性　☆☆☆

接纳度　☆☆☆

鼓励性　☆☆☆

此语句的画外音是："过去的都过去了，现在什么样了？"这样问也可以，但是——被访者真的不想说吗？这里的故事和心路历程，错过不可惜吗？被访者也许整理一下之后马上就要倾诉了呢。

例 2：某银行管理人员盘点中，零售业务总部风险部总经理谈道："零售去年出现大量的不良资产，有些指标是考核到我们部门的，对分行的督导，压力非常大。做了很多的工作，着力建设合规体系和合规检查，巡视了一遍，推动了问责工作。去年分支行对总行的评价，我们部门不是倒数第一，就是倒数第二。心里很不服气。"你作为面试官如何继续？

A："到底是倒数第一，还是倒数第二？"

B："心里很不服气。"

C："分行的督导、合规体系和合规检查、问责工作怎么做的？"

D："为什么评价不高？"

解析：正确答案是 B，A 是非最佳选项。

好奇心　　☆☆☆☆

流畅性　　☆☆☆

接纳度　　☆☆

敏锐性　　☆☆☆☆

此句画外音是："说实话！别藏着掖着，这都会忘了吗？"问题直接，给被访者一个小刺激，希望澄清含糊其词的说法。可以问得不露痕迹一点，点到为止，不让被访者无处藏身，避免加重被访者的避实就虚，包装掩饰。

B 是最佳选项。

好奇心　　☆☆☆☆

流畅性　　☆☆☆☆

接纳度　　☆☆☆☆

敏锐性　　☆☆☆☆

此语句的画外音是："刚才说到不服气，具体说说看，是什么让您不服气？"抓住"不服气"的表述，以复述的方式提问，不经意间进行挖掘，推动被访者更进一步描述心理感受和前因后果，逐步聚焦行为，同时，把握其工作心态及对得失的看法。

C 是非最佳选项。

好奇心　　☆☆☆

流畅性　　☆☆

接纳度　　☆☆☆

敏锐性　　☆☆

此语句的画外音是："服不服气不重要，关键看您做了什么，做得怎么样。"没有直接呼应关于心理活动的表述，"争分夺秒"问行为，但有可能错过关于工作心态和得失分析等相关信息。

D 是非最佳选项。

好奇心　☆☆☆☆

流畅性　☆☆☆

接纳度　☆☆☆

敏锐性　☆☆☆☆

此语句的画外音是："别人评价不高肯定是有原因的，您的看法是什么？有反思吗？"有时候需要"明知故问"，而不是自行脑补；可以看到被访者对事件的理解和总结反思，并为行为挖掘聚焦关键，对行为有效性的判断提供依据。

以上练习，强调面试官应具备的好奇心、人际敏感、敏锐的觉察力。各种问法并没有绝对的好坏之分，因人因地而异。即便同样的问题，不同的语气、语调也可能产生不同的效果。面试官们要做的是：听懂被访者的内容，保护被访者的情绪，鼓励和推动其讲出画面感，捕捉其心理活动。

4. 补充问题的灵活使用

除行为面试、情景面试以外，企业管理者在面试时更爱问一些所谓"直指人心"的补充性问题，适合表达能力好的人展示。包括兴趣偏好、成长环境、梦想诉求、榜样人物、自我认知、他人评价等。

建议把这些问题放到整个面试的最后部分，作为对于文化匹配、动力来源、优劣势等评价要素的验证信息。有些业务部门管理者会把这些问题作为面试主题，如果有丰富的相关领域的用人成功经验，可能效果还不错，但是总体来说，这些问题作用相对有限，可作为行为面试、情景面试的补充，根据不同面试目的和对象灵活选用。补充性问题如图 6-24 所示。

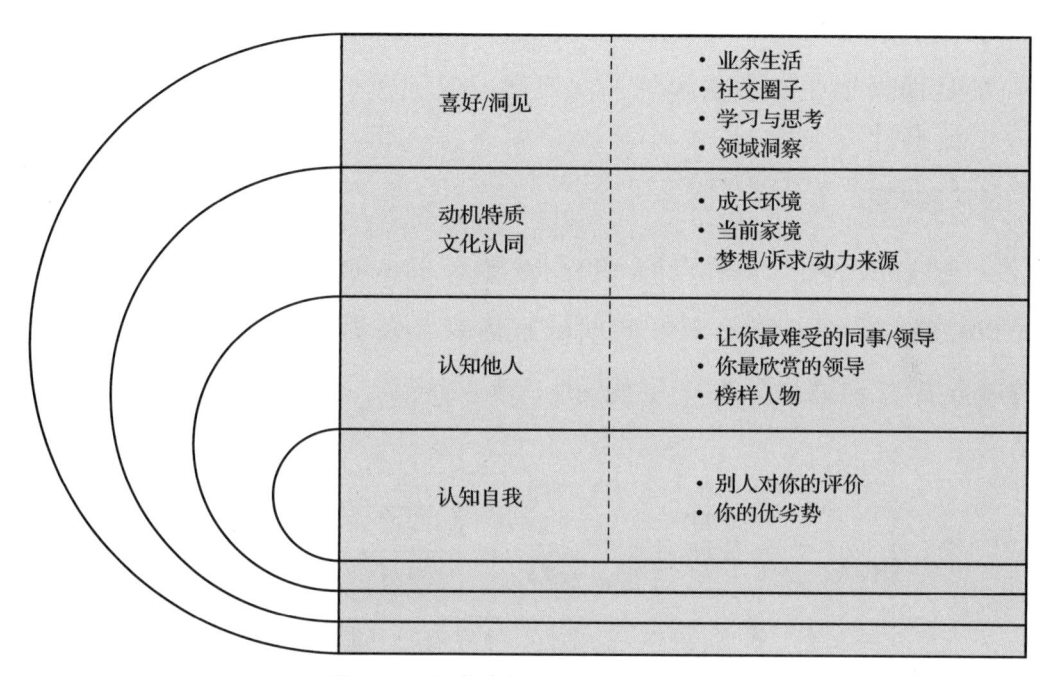

喜好/洞见	· 业余生活 · 社交圈子 · 学习与思考 · 领域洞察
动机特质 文化认同	· 成长环境 · 当前家境 · 梦想/诉求/动力来源
认知他人	· 让你最难受的同事/领导 · 你最欣赏的领导 · 榜样人物
认知自我	· 别人对你的评价 · 你的优劣势

图 6-24　那些直指人心的补充性问题

（三）面试官核心能力提升

1. 重视经验，更要保持敬畏

有这样一段话：一群人走进沙漠找水。有的人忙着不断打井，错了一个再打一个，锲而不舍。有的人不忙着干活，他先看风貌、找资料、访土著，试图摸清规律一举而胜。也有的人晃晃悠悠直接走到一块地前，直指下面说，这里有水，往下一打，果然有水。第一类是经验主义者，第二类是科学主义者，第三类便是直觉主义者。

经验主义、科学主义、直觉主义，也许不同的面试官也会有不同的成功路径。我们不排斥直觉的价值、意义，同时也强调用面试技术来提高准确性。而且，经验有可能会成为未来成功的阻碍，过去的"常模"积累有可能会和新生代人群有些差别。重视经验，更要时刻保持敬畏之心。我们的第一百次、一万次面试，对于被面试者而言，可能是他人生中非常重要的一次机会。

2. 面试官胜任力冰山

一个面试官的精进和成长是漫长的。面试官胜任力冰山如图 6-25 所示，了解一个好的面试官需要具备哪些能力素质，重点看"适合做""愿意做"两个层面。

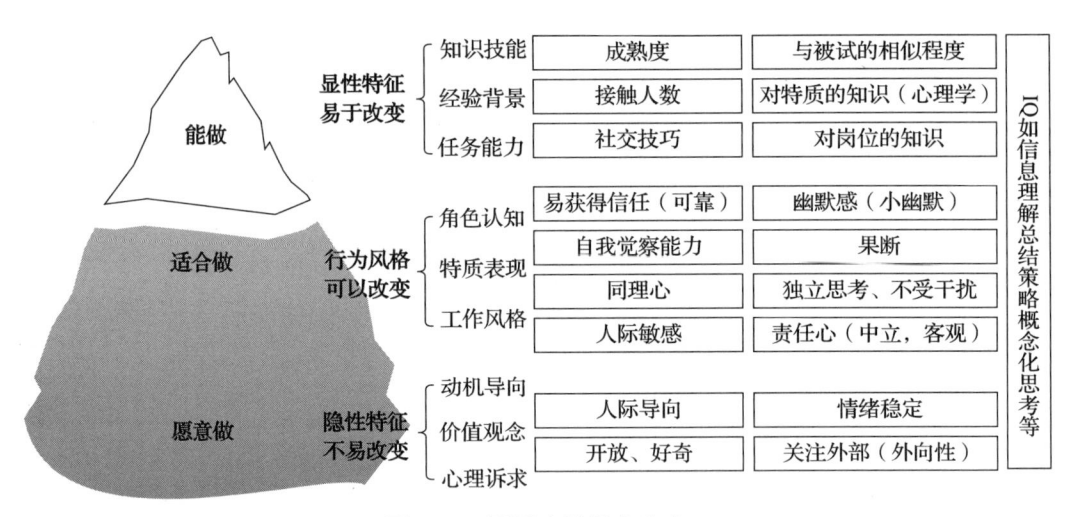

层级	特征	维度		
能做	显性特征 易于改变	知识技能	成熟度	与被试的相似程度
		经验背景	接触人数	对特质的知识（心理学）
		任务能力	社交技巧	对岗位的知识
适合做	行为风格 可以改变	角色认知	易获得信任（可靠）	幽默感（小幽默）
		特质表现	自我觉察能力	果断
		工作风格	同理心	独立思考、不受干扰
			人际敏感	责任心（中立，客观）
愿意做	隐性特征 不易改变	动机导向	人际导向	情绪稳定
		价值观念		
		心理诉求	开放、好奇	关注外部（外向性）

右侧：IQ 如信息理解总结策略概念化思考等

图 6-25　面试官胜任力冰山

底层动机的"开放"和"好奇"，指对人的好奇。有的人，他们对技术的兴趣远远大于对人的兴趣，成为合格的面试官相对来说困难一些。

"情绪稳定"，是指在面试过程中，无论遇到何种情况，面试官均应保持情绪稳定平静，通常不应暴露出明显的好恶情绪，更不能因此影响面试的正常进行。

"中立""客观""独立思考"，作为面试官既需要较强的觉察能力，非常投入地参与和共鸣，同时，必要时也要出戏，与面试者自然地互动。一位面试官面试候选人时，因为对方是知名大学财会专业毕业生，专业和综合素质比较优秀，但是考了几次 CPA（注册会计师），没有考过，所以面试官得出结论说他不努力，成就动机不强等。中立、客观，就是要不带假设，不带个人好恶，避免各种刻板效应等。特定的某个考试结果不理想，原因多样，因人因事而异，未加求证直接得出结论显得过于武断片面了。

面试官要做到高效、走心，历练出火眼金睛及快狠准的洞察提问，一定是一个漫长的过程。拳不离手，曲不离口，睿正咨询将持续和大家共同探讨进步。

八、述能答辩会，你必须知道的几件事

在内部关键岗位进行人才评价的时候，除情景模拟、行为事件访谈等方法以外，基于历史记录和事实举证的述能答辩会相对来说更为实用，也会更加高效。

通过述能答辩会，人力资源部门可以帮助管理者更全面地把握人才做了什么，做得怎么样，现状如何，未来有怎样的可能性，通过立体全面地评价人才更好地支撑人事决策。

（一）述能答辩会操作流程

很多企业会用到"述职会"这种答辩方式，我们可以在此基础上，做得更加的完整——既关注绩效结果，亦关注能动过程，既关注既往

表现，又关注未来可能，突出述能，从而更好地应用在任职资格评定、高潜人才选拔、人才盘点等工作场景下。

述能答辩会，可以分成以下几个大的步骤。

第一，以表 6-27 为例，组织发布价值贡献和能力举证的填报指引。引导大家实事求是、认真填写，让大家以事实说话，举证回顾自己的一些关键事件和关键成就。

表 6-27 述能事件举证表

×× 年度述能事件举证表				
姓名		单位		
职位		专业领域		
述能事件				
事件一	事件名称：			
	事件对应能力素质：			
	事件证明人：		事件发生时间：	
事件背景：				
事件过程（我主要做了什么，怎么做的，可详述）：				能力素质备注
关键行为 1：				
关键行为 2：				
关键行为 3：				
事件结果：				
我的核心贡献：				
我的反思总结：				

第二，员工个人填写相应的价值贡献和能力举证，上级进行审核。审核之后的表格，可以进行公示，即"阳光下通晒"，督促和监督员工如实填写。

第三，现场述能答辩。人力资源部门组织评委小组听取候选人的汇报，然后进行相应的提问追问，形成相应的打分等。提问追问关键事件，可以增加专业问答题。在选拔和晋级答辩中，还会增加前瞻思考与计划建议等问题。

（二）述能答辩会常见风险及对策

跟专业要求较高的行为事件访谈相比，述能答辩可以更加集中和高效，但也会有一些可能的风险需要防范。

1. 会做的不如会说的

对于这个问题，还是要回归到述能答辩的本质，即强调用事实说话。对答辩人，在材料准备和现场答辩指引中都要强调，聚焦做了什么，怎么做的。而对评委，则要求追问关键的难点，关键的行动。

在答辩现场总会有一些负面典型——表达得很好很流畅，也很有激情，但是除了感想和感慨之外，内容空洞，或者是回避问题。不可否认，表达能力也是一项重要的能力，但只要评委做到盯紧行为，通常不太会出现单纯因为"说得好"而获得高分的情况。

2. 单向陈述信息的可信性

在答辩过程中，不排除有的陈述人会有选择性地陈述信息，或者有一定程度的包装、夸大掩饰等情况。这时候人力资源部门通常的做法，除了上文提到的填报材料公示以外，还会设置一定的旁听席，请相关部门的同事旁听，同时也会要求陈述人针对举证事件提供证明人。

除此之外，失败事件举证也是很好的一种方式。可以作为成功事件的补充，也可以干脆作为主要内容。

失败事件或者叫作挫折事件、负向事件、反思事件，它不一定意味着能力差或不努力，只是尝试了但是没有成功的一些案例。陈述人介绍从这些案例当中自己的收获和反思是什么，自己有哪些经验和教训可以跟大家分享。有分量、有血泪的失败事件成为"加分项"，有力促进员工积极作为，而不是固守舒适区，体现了企业"赞美成功，允许失败"的文化氛围，同时这个过程也最能看到员工的创新突破与反思总结能力。

3. 现场评委的不可控因素

通常来说，现场评委会接受一定的培训，但是评委的风格特点各不相同，有可能出现以下几种情况：一是更多询问一般的了解性问题，而不能够围绕评价标准进行实质性提问；二是针对个人关心的局部细节问题展开业务探讨，导致脱离评价目标；三是现场进行反馈评价而非提问，影响评委打分的独立性，导致候选人对于答辩结果的猜测，或对公平规范性的质疑。

对于这些可能出现的情况，事先可在评委须知中提示或禁止，事中可由现场主持人进行及时干预。

（三）述能会结果产出及应用

基于历史记录和事实举证的述能答辩会，能够将多项人才评价要素完整体现，形成人物小传，并动态看人，预测未来。

某企业关键岗位人才档案如图 6-26 所示，可以看到，4K 人才画像的相关要素都在其中有相应的赋分。

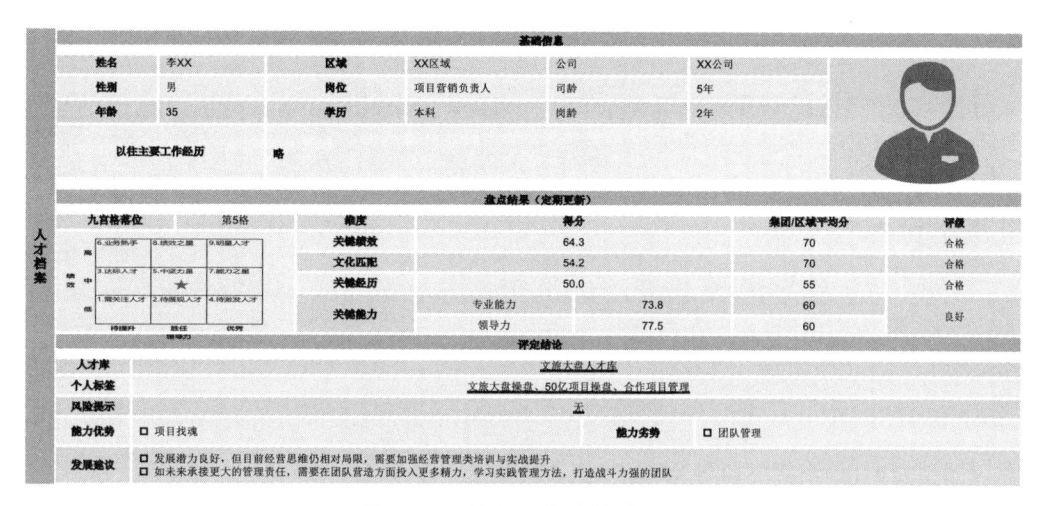

图 6-26 某企业人才档案示例

通过以上关键信息，人力资源部门能够对关键人才形成全面评价，明确其在人才地图中的位置，具有哪些人才标签，以及与之相应的人才管理策略。

以 4K 人才画像为评价标准，以述能答辩会为重要的评价手段，我们不仅能把握关键人才当前的准备度和成熟度如何，也能够了解是哪些经历和特质成就了他的现在，并且进一步展望其未来发展的目标和可能性。

九、如何让"人才瓶颈"变成"人才红利"

在组织快速发展过程中，如何能够战略性地预见人才瓶颈的出现，并且及早采取相应的措施和办法进行弥补，使人才瓶颈转变为人才红利，助力组织的发展和转型？

（一）项目背景

A 公司是某大型央企旗下的板块公司，年贸易额过千亿元。自成立以来业务快速发展，近年公司实施了重组整合，2011 年的业绩又上了一个新的台阶。与此同时，集团公司提出了新的战略，配合"十二五"战略规划，要求各板块公司提出相应的管理举措，合力促进战略目标的实现。

C 总是从基层成长起来的老员工，非常熟悉集团的战略、人才的现状和业务发展之间的关系。他意识到，要实现新阶段的战略目标，成为集国际国内贸易为一体的、具有国际影响力的一流贸易板块，目前人员能力的瓶颈将成为关键挑战。

同时另一个现实情况是：A 公司目前的薪酬水平难以从市场上吸引到符合需要的人才，人才的自生才是唯一可行的解决之道。那么如何在集团大的人才管理框架之下，制定具有板块特征、符合市场规律和企业现状的人力资源管理体系，做好人力资源的规划，打造人才价值链，是 C 总现在需要思考的问题。

集团对于各板块的人力资源规划上报要求时间期限还剩半年，如何在短短半年之内实现 C 总的目标？

（二）解决方案

经过与 C 总和其他相关领导的详细沟通之后，睿正为 A 公司制定了详细的项目方案并在半年之内实施完毕。该项目历时 5 个月，以梳理人力资源需求、分析现有人员结构、制定人才评估标准、规划人才发展体系为主线。项目规划如图 6-27 所示。

具体 5 大模块的工作如下。

（1）整体规划：从战略出发梳理配合业务需要的人力资源五年规划，判断人才需求的重点难点。就现有的组织结构、岗位序列和人员结构做 SOWT 分析，提出调整建议。

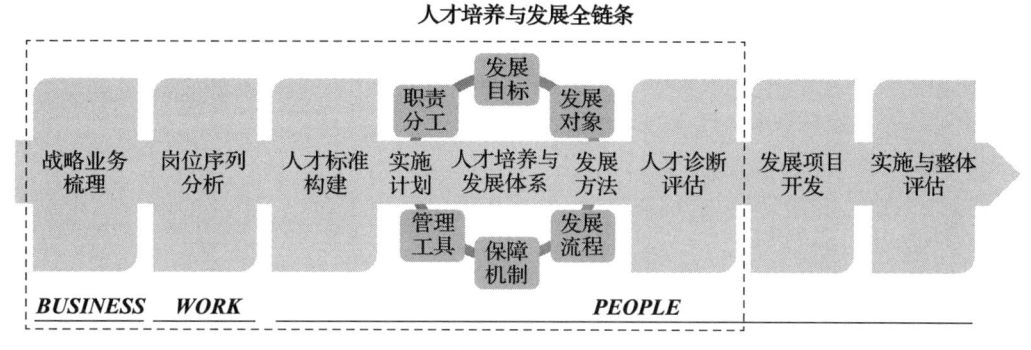

图 6-27 项目规划

（2）定义人才：从人才的能力需要出发梳理序列，定义核心人员，如表 6-28 所示，建构包含能力素质模型的任职资格体系，并设计相应的管理办法。

（3）评价人才：根据人才标准，设计评价工具，搭建评价中心。根据不同的应用场合设计了针对不同层级的组合方案，如中层竞聘、基层社招、基层盘点等。

（4）设计通道：搭建职业生涯发展通道，清晰每一个人在组织内的成长路径。结合职位体系及任职资格体系，能够清楚了解职位变迁时的能力关键变化；通道划分如图 6-28 所示。

（5）助力发展：建立发展体系及管理办法，以表 6-29 为例，针对不同的能力项、关键转折点、核心挑战为各类人群设计针对性的发展方案，如导师制、行动学习、任务训练营等，规划发展中心，为个人的能力发展提供支持，促进团队能力的整体提升。不同层次群体学习地图如图 6-29 所示。

五大模块的工作分别回答了"需要谁""他是谁""如何判断""如何聘用""如何发展"的核心问题，最终形成完整的人力资源管理价值链，为 A 公司人力资源管理优化搭好框架。

知人善"任"
——4K任职资格管理与应用

表 6-28 人才定义

<table>
<tr><th colspan="2">角色</th><th>定义</th><th>对应级别</th><th colspan="2">贸易序列任职资格标准</th></tr>
<tr><th colspan="2"></th><th></th><th></th><th>资历背景要求</th></tr>
<tr><td rowspan="6">资历背景要求</td><td rowspan="2">贸易专家</td><td rowspan="2">该级别人员是石油进出口贸易行业的业务专家，对石油贸易领域各个环节理解透彻，能深刻洞察市场的变化并把握未来的发展方向，提出前瞻性的想法，为整个企业业务体系的有效运营提供专业性支持</td><td>S7</td><td>本科毕业，工作满13年，年度绩效考核优秀（其中硕士学历可降低1年工龄要求，博士学历可降低2年工龄要求，专科学历提高2年工龄要求）；同时具有高级经理等级岗位工作满3年的岗位工作经验</td></tr>
<tr><td>S8</td><td>……</td></tr>
<tr><td rowspan="2">高级贸易经理</td><td rowspan="2">该级别人员可以洞察工作中深层次的问题并给出相应的解决方案，对于本领域的复杂问题可以缜密分析，有效解决并指导他人开展工作，进而推动部门业绩的突破性达成</td><td>S9</td><td>……</td></tr>
<tr><td>S10</td><td>……</td></tr>
<tr><td rowspan="2">贸易经理</td><td rowspan="2">该级别人员可以提出方案并解决工作中出现的一般问题，熟悉工作中的主要知识和技能，了解相关知识领域，可独立进行日常工作，必要时能够就常规性工作给予他人指导或解答</td><td>S11</td><td>本科毕业，工作满8年，年度绩效考核良好（其中硕士学历可降低1年工龄要求，博士学历可降低2年工龄要求，专科学历提高2年工龄要求）；同时具有主办等级岗位工作满3年的岗位工作经验</td></tr>
<tr><td>S12</td><td>……</td></tr>
</table>

续表

角色	定义	对应级别	资历背景要求
贸易员	该级别人员能够用固定的程序和方法解决问题，了解工作中必备的基本知识和技能，可以在有经验的同事的指导下按照固定进度安排进行工作，在接受培训后可以按照惯例情况独立运作任务	S13	……
贸易助理	该级别人员已经基本掌握工作所需要的知识和技能，可以独立处理一些局部性、单一性事务，但仍需要在有经验的同事的指导下开展工作	S14	……
		S15	本科毕业，工作满2年，年度绩效考核合格（其中硕士学历可降低1年工龄要求，博士学历可降低2年工龄要求，专科学历提高2年工龄要求）
		S16	……

知识点

通用知识要求	公司所属行业背景知识	定义：了解石油行业和石油贸易行业的基本常识
	公司文化	掌握企业文化的要求
	岗位工作流程	熟悉本岗位涉及的工作流程及与相关部门和人员的配合流程

序号	类别	知识点	适用岗位	定义
专业知识、技能要求	油品国际贸易知识	实货贸易子序列相关岗位	熟悉油品合同条款、交易规则及相关的交易制度程序，并能运用相关知识把握交易机会
	实货贸易	油品贸易相关法律法规		掌握我国和有关国家对相关油品在销售和贸易中的不同法规政策并能采取相应的贸易策略
		炼化知识		掌握石油化工工艺基础知识，了解石油加工过程、油品性质指标含义及不同油品的应用领域

要求
专家级别要求：权威、优异
• 精通本专业业务体系的知识和技能，能为整个企业本专业领域的运作提供专业支持
• 能洞悉和准确把握本专业领域的发展趋势，并提出前瞻性的想法
• 能创新性地提出突破性工作思路，解决具有突发性、全局性、开拓性的问题

续表

序号	类别	知识点	适用岗位	定义	要求
专业知识/技能要求	期纸货贸易	期货知识	期纸货贸易子序列相关岗位	期货交易规则、套期保值原理，以及期货纸货法律法规	**专高级主管要求：精通（良好）** • 通晓本专业领域的知识和技能，能熟练地进行该领域的工作并能指导本专业队伍的有效运作 • 工作中面临全业务模块非程序化、非结构化的问题（任务较多） • 能运用已有知识和技能对于复杂业务同时能分析行全面、深入地确定适宜的解决方案 **主管级别要求：掌握（有效）** • 熟悉本专业所从事领域的工作内容，熟练掌握所负责模块的相关知识并能对他人进行负责模块领域的指导 • 工作中面临负责模块业务内的非程序化、结构化的问题（任务较多） • 能独立解决业务过程中出现的一般问题，面对复杂可在经验丰富人员的指导下解决 **助理级别要求：理解（一般）** • 对所从事专业领域的知识和技能有所了解，但仍然欠缺工作中的实践经验，能够对业务体系中的局部有较为清醒的认识 • 工作中面临局部的、结构化的问题（任务较多） • 能独立完成局部的、流程性的工作任务 **初级助理要求：了解（基本）** • 对所从事专业领域的知识和技能基本掌握，但仍需要在他人的指导下完成工作 • 工作中主要面临一些局部的、单一的相关工作事务 • 能够独立处理一些局部的、单一的工作事务
		油品国际贸易知识	油品销售、天然气销售	熟悉油品合同条款、交易规则及相关的交易制度程序，并能运用相关知识把握交易机会	
		销售相关法律法规与合同内容	油品销售、天然气销售	掌握我国和有关国家对相关产品在销售和贸易中的不同法规政策，熟悉产品合同的相关内容，并能运用相关知识把握交易程序	
	油品天然气销售	项目管理知识	天然气销售	对天然气项目的开发、生产、市场、合同起草与执行，日常协调等工作有基本认识，并掌握天然气项目管理的要点和工作程序	
		资金、税务及经济评价基础知识	油品销售、天然气销售	了解资金运作基础知识，可以根据业务要求掌握开具发票及货款回收流程；了解相关税务及经济评价的基础知识，为产品定价和商务谈判工作提供支持	
		产品知识	油品销售、天然气销售	了解并熟悉产品生产、开发、加工工艺流程、了解产品其副产品的性质、用途及应用知识	
		油品国际贸易知识	油品销售	熟悉油品合同条款、交易规则及相关的交易制度程序，并能运用相关知识把握交易机会	
	通用	英语	贸易序列全部岗位	运用英文和客户交流沟通，阅读英文信息资料和合同文本，起草撰写英文书信材料	

图 6-28 通道划分示意

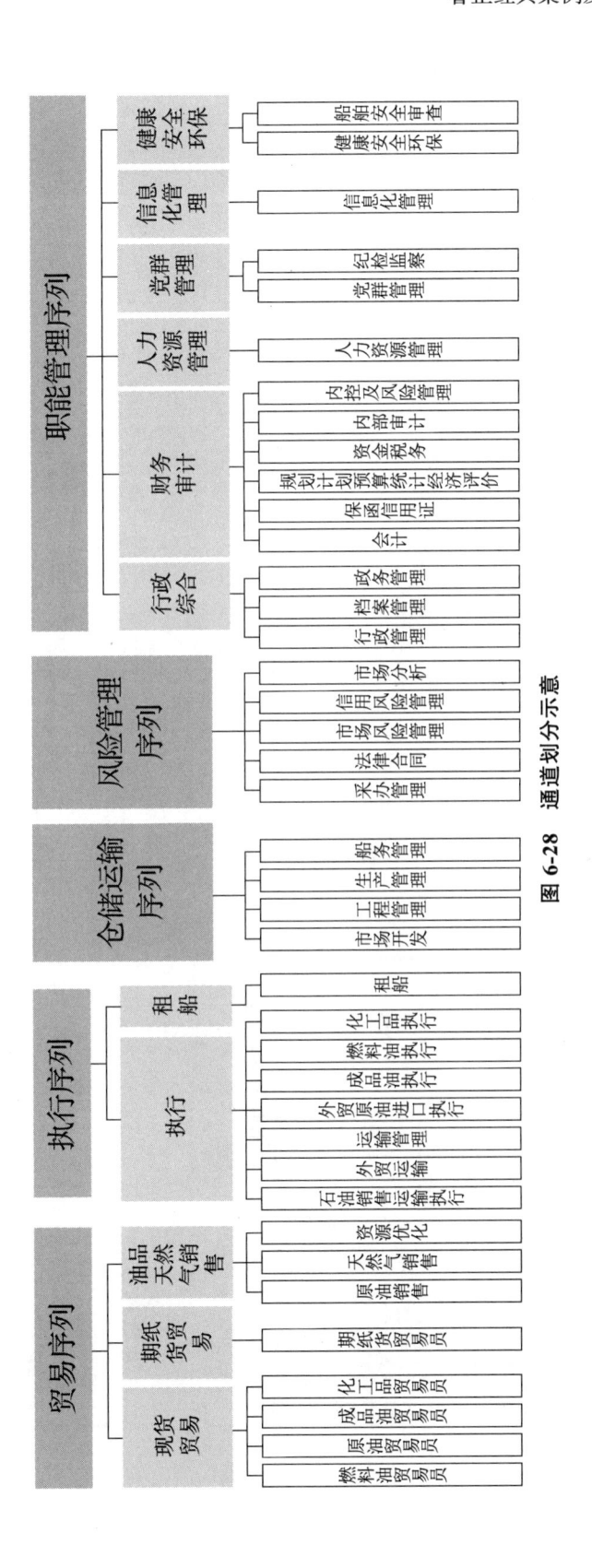

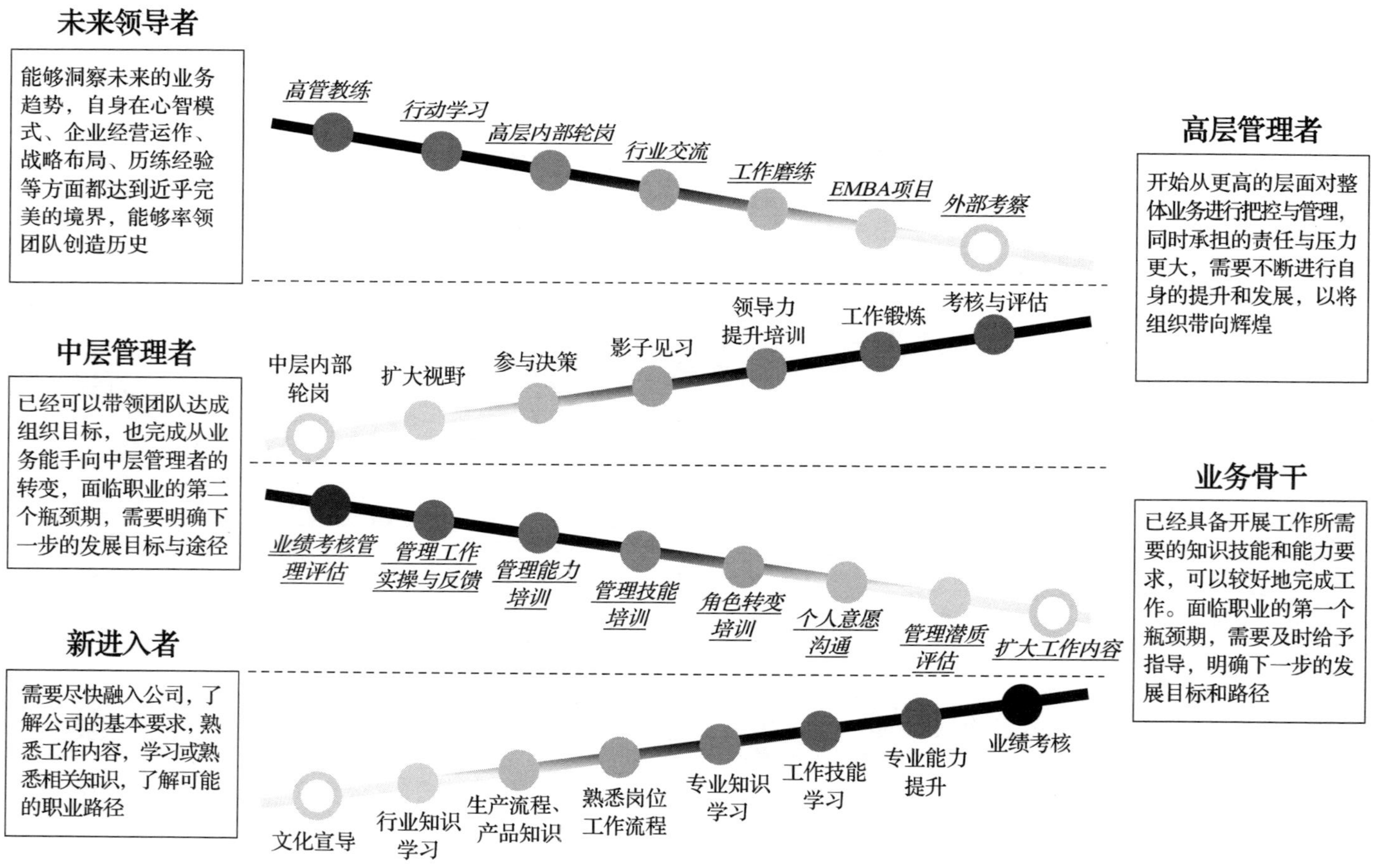

知人善"任"
——4K任职资格管理与应用

未来领导者

能够洞察未来的业务趋势、自身在心智模式、企业经营运作、战略布局、历练经验等方面都达到近乎完美的境界，能够率领团队创造历史

- 高管教练
- 行动学习
- 高层内部轮岗
- 行业交流
- 工作磨练
- EMBA项目
- 外部考察

高层管理者

开始从更高的层面对整体业务进行调整与管理，同时承担的责任与压力更大，需要提升自身的能力和发展，以将组织带向辉煌

- 考核与评估
- 工作锻炼
- 领导力提升培训
- 影子见习
- 参与决策
- 扩大视野
- 中层内部轮岗

中层管理者

已经可以带领团队达成组织目标，也完成从业务能手向中层管理者的转变，面临职业的第二个瓶颈期，需要明确下一步的发展目标与途径

- 业绩考核管理评估
- 管理工作实操与反馈
- 管理技能培训
- 角色转变培训
- 个人意愿沟通
- 管理潜质评估
- 扩大工作内容

业务骨干

已经具备开展工作所需要的知识技能和能力要求，可以较好地完成工作。面临职业的第一个瓶颈期，需要及时给予指导，明确下一步的发展目标和路径

- 业绩考核
- 专业能力提升
- 工作技能学习
- 专业知识学习
- 熟悉岗位工作流程
- 生产流程、产品知识
- 行业知识学习
- 文化宣导

新进入者

需要尽快融入公司，了解公司的基本要求，熟悉工作内容、学习或熟悉相关知识，了解可能的职业路径

图 6-29 不同层次群体学习示意

表 6-29 不同人群的培养计划

培养对象	培养计划	导师制	课程培训	自我学习	轮岗	行动学习	影子见习	专业考试	申报内训师	发表论文	申报课题	任务锻炼	参与决策	外部考察	EMBA项目	高管教练
领导者	领导者后备培养计划					▲								▲	▲	▲
高层领导备	高层领导后备培养计划	▲	▲		▲		▲					▲		▲		
部门经理	部门经理后备培养计划	▲	▲	▲			▲					▲	▲			
成品型人才	业务专家培养计划	▲	▲						▲	▲	▲	▲				
非成品型人才	业务骨干培养计划	▲	▲	▲					▲			▲				
新入职员工	新员工培养计划	▲	▲	▲	▲											

(三) 结果成效

系统化的人才规划工作紧密配合新业务的战略规划，提前为业务的转型和升级储备相应的人才队伍。

任职资格体系定义了关键人才，独立出来的能力素质模型配合企业文化落地的需要，并预测了岗位变化时的能力可迁移性；评价中心是检验人才水平和成熟度的重要工具；职业生涯通道为个人提供激励，而发展体系提供了系统的支持。内部的动力和外部的支持双管齐下，提升核心人才团队的战斗力，最终为新时期战略目标的实现打下坚实的人才基础。

人力资源的优化需要长期的工作，5个月的项目更多的是从体系和机制上为A公司做好准备，一些具体的措施和工具仍需不断地完善。更重要的是，人才管理的理念需要长期的坚持才能渗透入企业文化，而人才的培养更是需要细心地培育和耐心地打磨。

十、积分制任职资格体系构建，牵引企业人才发展——D汽车零部件公司中高层管理者任职资格体系构建项目

面对激烈的市场竞争，人才已成为组织获得竞争优势的关键要素；企业发展初期，依靠领导者慧眼识人，能够选拔出优秀管理者，成为企业的中流砥柱；伴随着业务高速增长、规模快速扩大，领导者无法深入了解到所有骨干的能力水平。如何才能快速准确地选到优秀管理者？如何判断发展潜力，精准识别高潜人才，为企业未来发展做好人才储备？如何牵引现职管理者和优秀人才自主发展、突破舒适

区、为企业开疆拓土做出贡献？

睿正咨询特别采用了"积分制"任职资格体系设计本项目，通过行业背景和业务特点的深入分析、绩优管理者访谈、反向数据验证等方式，快速产出高质量的项目成果。

值得一提的是，通过门槛项与积分项互相配合，兼顾立足当下与面向未来的业务需求。

立足当下：充分考虑人才现状，合理设置门槛项。

面向未来：基于企业国际化发展战略和提升整体管理水平的需求，用积分项落实能力提升需求，拉动人才自主发展，使优秀人才能够在选拔中脱颖而出。

（一）项目背景

D汽车零部件股份公司是1988年投资组建的铝车轮制造企业，经过24年的发展，经历了产品差异化、开拓OEM（原始设备制造商）市场、集团化商业模式创新、产业规模跨越发展及多元化、国际化五个发展阶段；以优质的产品和服务完成全球市场布局，为奔驰、宝马、奥迪、大众、标致、雪铁龙、雷诺、日产、通用、福特、菲亚特、克莱斯勒、丰田、本田、马自达、起亚、一汽、上汽、东风、广汽、北汽、长安等国内、国外主要整车制造商配套供货；在欧洲，半数以上的汽车上都有D汽车零部件股份公司制造的零部件；坚持做强铝车轮主业，做大非车轮业务，努力打造成为世界一流的具有核心技术的轻量化零部件解决方案供应商。

（二）实施过程

项目历经组织现状诊断、体系框架搭建、人才标准撰写、配套机制设计四大关键步骤，具体如下。

1. 组织现状诊断

项目采取多种方法对D汽车零部件股份公司人才管理体系进行诊断，包括：深入阅读并分析战略、企业相关管理文件，访谈绩优中高层管理者，调研标杆企业等，通过文件分析与访谈，了解并聚焦存在的问题。

诊断发现，D汽车零部件股份公司前期发展迅速，业务扩张较快，随着汽车行业增长整体放缓，D汽车零部件股份公司也从高速发展期进入了平稳增长期，整体管理水平提升、精细化运营是企业进入下一个高速增长期的基础。目前，企业的人才管理体系仍存在很多不足，亟待提升。组织诊断结果如图6-30所示。

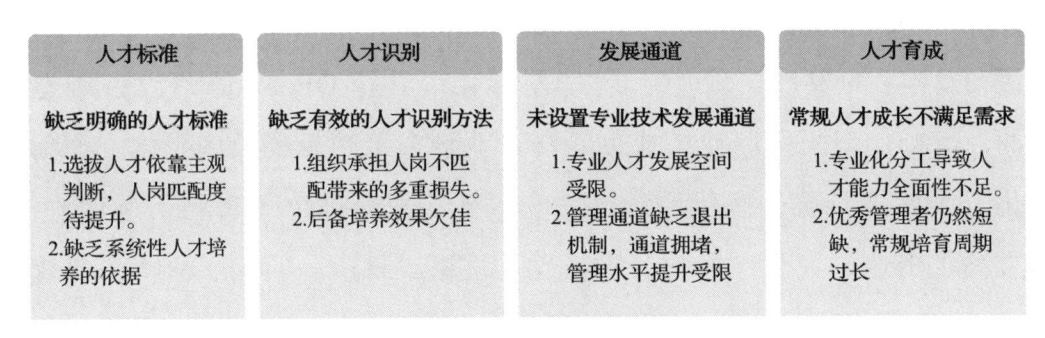

人才标准	人才识别	发展通道	人才育成
缺乏明确的人才标准	缺乏有效的人才识别方法	未设置专业技术发展通道	常规人才成长不满足需求
1.选拔人才依靠主观判断，人岗匹配度待提升。 2.缺乏系统性人才培养的依据	1.组织承担人岗不匹配带来的多重损失。 2.后备培养效果欠佳	1.专业人才发展空间受限。 2.管理通道缺乏退出机制，通道拥堵，管理水平提升受限	1.专业化分工导致人才能力全面性不足。 2.优秀管理者仍然短缺，常规培育周期过长

图6-30 组织诊断结果

项目基于企业人才管理现状，以战略目标为导向，结合标杆企业优秀实践，提出三步走的人才体系优化建议：基础建设、进阶发展、完善优化。"三步走"人才体系优化建议如图6-31所示。

2. 体系框架搭建

基于任职资格的职业发展通道如图6-32所示。人才管理体系建设是一项长期工程，需要循序渐进，不可一蹴而就，但为保证企业人才管理的系统性，需要在项目开展之初进行清晰的路标规划、搭建体系框架，并在路标指引下，在体系框架内不断添砖加瓦，从而逐步提升企业人才管理水平，提升人才供应力，真正实现人才驱动业务发展。

2018年基础建设
- 搭建人才管理体系框架，进行系统性规划
- 建立"积分制"任职资格标准，牵引人才自主发展
- 设计配套机制，明确任职资格标准应用方向

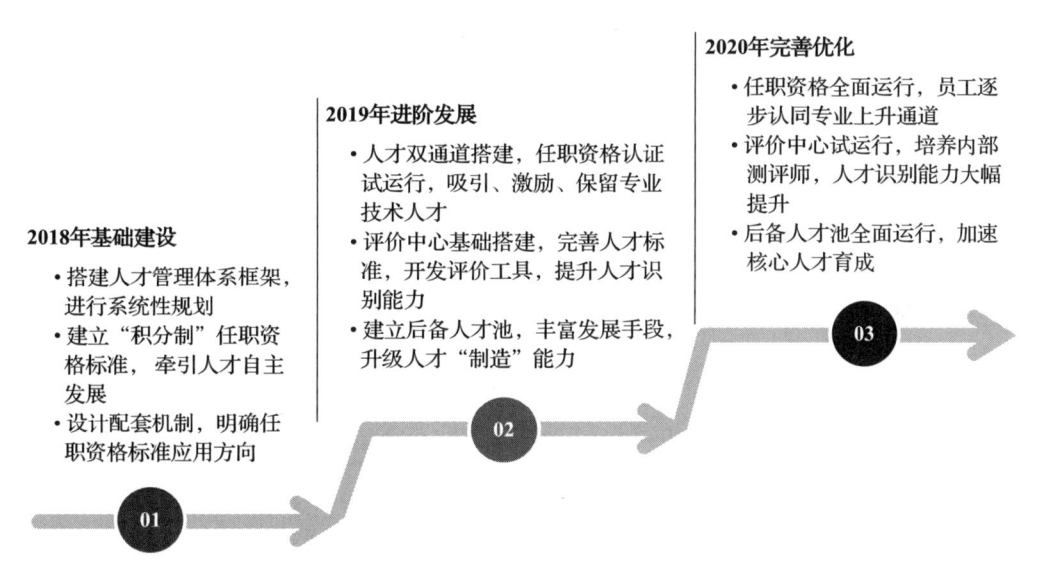

2019年进阶发展
- 人才双通道搭建，任职资格认证试运行，吸引、激励、保留专业技术人才
- 评价中心基础搭建，完善人才标准，开发评价工具，提升人才识别能力
- 建立后备人才池，丰富发展手段，升级人才"制造"能力

2020年完善优化
- 任职资格全面运行，员工逐步认同专业上升通道
- 评价中心试运行，培养内部测评师，人才识别能力大幅提升
- 后备人才池全面运行，加速核心人才育成

图 6-31 "三步走"人才体系优化建议

任职资格要求	管理人员	专业/技术人员	任职资格要求
管理任职资格五级	高层管理者	资深专家	专业技术资格六级
管理任职资格四级/专业技术资格三级以上	中层管理者	专家	专业技术资格五级
管理任职资格三级/专业技术资格三级以上	基层管理者	核心骨干	专业技术资格四级
	骨干		专业技术资格三级
	基层业务人员		专业技术资格二级 专业技术资格一级

基于任职资格的职业发展通道

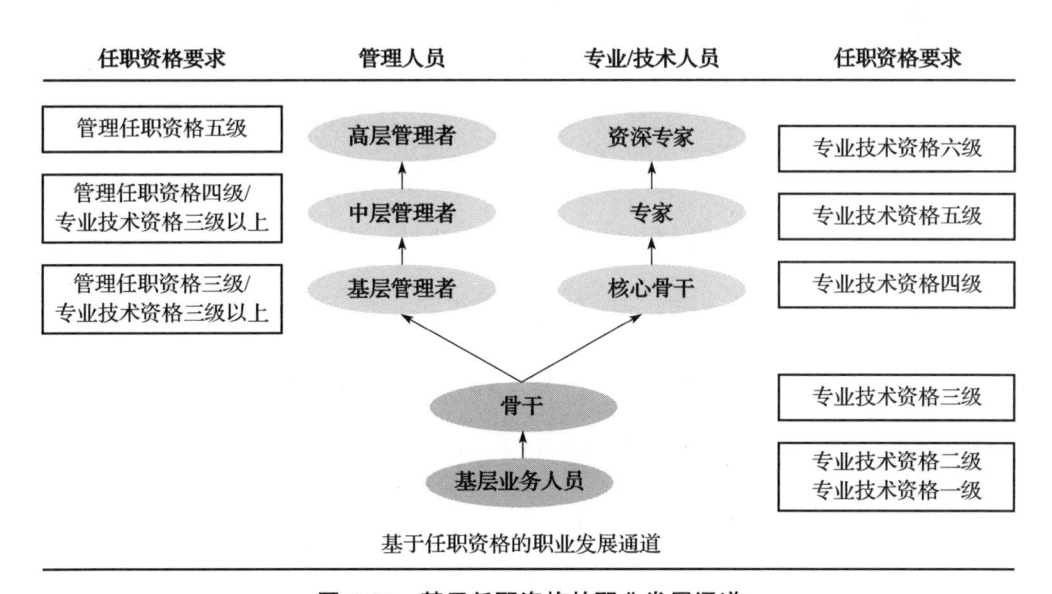

图 6-32 基于任职资格的职业发展通道

3. 人才标准撰写

任职资格标准如图 6-33 所示。

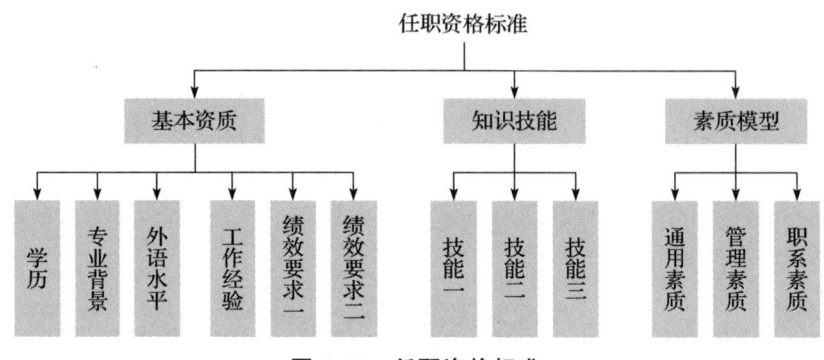

图 6-33　任职资格标准

（1）基本资质——门槛项 + 积分制。

基本资质是人才标准中的"基准线"，是直观可见的标准，易于审核评价；同时基本资质也是人才标准中"牵引性"最强的一个模块，能够成为绩效指标的有益补充，但在任职资格标准的建设中常常得不到足够的重视，变成"一笔带过"的一个形式上的存在。

本项目基本资质设计的核心诉求是既体现企业的业务需求和价值导向，又符合加速人才育成的要求，起到牵引人才自主发展的作用；同时，充分考虑企业现状，各项资质要求都"有据可依""易于落地"。以表 6-30 为例，项目最终通过"门槛项"与"积分项"的互相配合，兼顾"立足当下"与"面向未来"的需求。

表 6-30　门槛项 + 积分制资质的人才标准

层级	中层	
标准类别	门槛项	积分项
学历	本科	研究生学历并取得硕士学位，10 分（仅学位积 5 分）……

续表

层级		中层	
标准类别		门槛项	积分项
专业		机械类、电子电气类、材料类、化学类、行政管理类、财务类等相关专业	—
语言		英语4级（或能够应用英语进行日常工作交流）	具有商务英语中级及以上水平，在商务场合能独立与外方交流谈判，20分
工作经验	行业经验	拥有汽车、零部件等相关制造行业8年从业经验	超过8年，每增加1年，积2分，10分为累计积分上限
	岗位经验	……	……
	管理经验	……	……
	项目经验	……	……
组织贡献	人才培养	……	……
	异地派驻	……	……
业绩考评	绩效考核	……	……

基本资质撰写分为初稿撰写与验证修订两个环节。

初稿撰写。项目采用了"自内而外，由过去到未来"的双重演绎法，通过"小范围访谈＋大范围调研"的方式，完成基本资质的初稿撰写。

向内看：看过去，回溯优秀管理者成长过程中的关键事件，梳理管理者最佳成长路径；看未来，根据战略目标和业务模式，推演优秀管理者画像，锚定牵引方向。

向外看：分析外部标杆企业的优秀实践经验，结合D汽车零部件股份公司实际，提取借鉴。

小范围访谈：访谈对象为二十余位各条线绩优中高层管理者，了解高层管理者对各条线、各层级管理者的期望，提取中高层优秀管理者在成长过程中的关键历练与关键成就，并以此为基础设计在线调研问卷。

大范围调研：调研对象覆盖所有中高层管理者，是对前期提取成果的验证、聚焦、补充，在线调研能够在较少的时间投入下，极大提升所有管理者在任职资格体系建设中的参与感，从而提升他们对最终项目成果的认可度和接受度。

验证修订。对照基本资质初稿涉及的各项资质条件，收集现有管理者相关信息，并按照门槛和积分进行筛选和积分试算，验证积分分值设置合理性及对于各条线人员的公平性，并根据验证结果对初稿进行修订，确保基本资质能够真正选拔出符合D汽车零部件股份公司需求的优秀人才。

（2）知识技能——辅导撰写。

知识技能是员工胜任岗位、产出绩效的能力基础，既包含其掌握的知识，也包含其应用知识完成业务活动的技能，同一技能会分为若干等级，由于专业性较强，该部分由睿正提供培训和辅导，具体描述由业务部门负责输入。

培训和辅导的时间一般在半天至一天不等，培训对象是各业务条线的骨干。通过基本概念培训、演练、讲解，骨干会在现场撰写标准初稿，在撰写过程中，睿正顾问会一直在现场答疑、把关、纠偏，通过这种方式，既保障了产出成果的专业性，又提高了撰写效率；在撰写过程中，还能进一步加深业务骨干对任职资格标准的理解，他们也将在后续的任职资格认证中成为人力资源部门的"合作伙伴"，成为部门内部任职资格标准宣贯者。

4. 配套机制设计

配套机制是任职资格体系落地应用的重要一环，规定了任职资格标准具体的应用场景、责任人、流程、工具表格，以及最终的结果应用。

在D汽车零部件股份公司，后备选拔是任职资格标准应用之一，通过同一套标准的不同应用规则，实现从"入池测评"到"出池测评"的多层次后备人才选拔。

门槛项：采用跨栏式规则，候选人在该环节的评估结果需要满足一定要求方可进入下一环节，否则评审不通过，认证结束，从而节省公司认证实施成本，也体现了认证流程的权威性和严谨性。

积分项：对候选人该环节的评估结果用量化积分的形式呈现，从而使候选人之间具有可比性，达到择优的目的。

（三）项目成效

任职资格体系是组织与员工发展之间的桥梁，是可视化的载体；人才发展过程中，任职资格标准兼具人才发展路径图与知识地图的作用，既能牵引人才自主发展，又可以作为人力资源部门规划培养发展项目的指南，有效提升人才培养系统性与精准性；D汽车零部件股份公司通过构建任职资格标准，为后续人才管理体系的完善优化奠定了坚实基础。

任职资格体系包含职业发展通道、任职资格标准、配套机制，其中任职资格标准的三大模块（基本资质、知识技能、素质模型）在人才发展中各有妙用，可根据企业的不同发展阶段、不同管理成熟度，以及不同长短期目标，灵活组合运用、互为主配角，成为企业的人才发展"利器"，为人才能力提升提供清晰的指引，不断牵引员工树立自我学习与发展意识，并拓展人才职业发展通道，从而有效激励与保留人才。